生徒と教師の「真」のハッピーを目指して

# ただいま「チーム担任制」チャレンジ中！

土屋 裕樹［著］

学事出版

# はじめに

教員になって初めて学級担任を受けもち、三年間もち上がりで卒業させたときの感動を忘れることはない。

クラスのために、時間を惜しまず全力を尽くし、ときに指導に悩み、生徒たち、保護者の方々、そして同僚たちに助けてもらってきた。

「学級担任って最高だ」というやりがいや喜びがモチベーションとなり、教員を続けてくることができた。その気持ちは今でも変わらない。

しかし、である。

学校現場を取り巻く環境は悪化の一途をたどり、「教員不足」という言葉が世間に認知され、全国各地で「担任が、教科担当者が足りない」といった事態が起こっている。

公教育はすでに崩壊しつつあるのかもしれない。

そんな状況でも、私たちにできることは「現場で努力すること」しかない。

ただし、それは「目の前の子どもたちのために全力を尽くす」ことだけではもはや足りない。

旧態依然の学校システムにクリティカル（批判的）に思考を巡らせ、持続可能な学校のあり方を模索していく必要があると私は考えている。

本書で紹介する「チーム担任制」は、この苦しい現状を打破し、持続可能な学校づくりを助けるためのものである。

ただ、勘違いしてほしくないのは、「固定担任制」も「チーム担任制」も、どちらも手段であって目的ではないことだ。

運用については、子どもの実態や教員集団の事情も考慮して、教育効果がより高くなる方を選べばよい。

私が「チーム担任制」を広めたいと考えている最大の理由は、現場に選択肢を増やすことである。「担任は決まっていて当たり前」の学校現場が、数年後には「担任制は柔軟な運用が当たり前」になっていれば幸いである。

なお、本書で紹介している「チーム担任制」は、東京都の麹町中学校で、当時の工藤勇一校長が実施したことで一気に知名度が高まったものであり、それを参考にしている。

目次

はじめに　2

序章　チャレンジ前夜
葛藤と出会い　10
自分を決意させたもの　13

第一章　教育のリアルと教師のリアル
教師・土屋の誕生　16

第二章　「チーム担任制」の提案へ
教師の都合か、生徒のためか　28

第二章

## 導入後の生徒・保護者・教員の反応と気づいた課題

一年生時の「固定担任制」の影響を考える　57
実施二か月で生徒・職員に「アンケート調査」見えた課題とは　60
「チーム担任制」移行後に現れた様々な変化　69
フレキシブル活用の試行　73
生徒アンケート調査の結果と考察（十一月）　76
保護者アンケート調査の実施と保護者会までの葛藤　82
「学校依存症」の世の中を変えたい　90

実践初年度の生徒と教員集団の様子〈まとめ〉 93
私たちに必要なのはマインドセットチェンジ 97
メディアに取り上げられ、注目を集め始める 100

## 第四章 「チーム担任制」二年目からの変容

三年生でも「チーム担任制」を継続実施 104
他学年の実践経過 118
生徒討論を再び実施！「チーム担任制に賛成か。反対か」 128
運用の最大のリスクは何か 134

「チーム担任制」そのほかのメリット 137
これから「チーム担任制」を導入しようと考えている人たちへ 138

【番外編】 生徒ファーストの学校づくりを目指して ～生徒指導主事としての実践紹介～ 141

【付　録】 チーム担任制について、よくある質問に答えます！ 153

おわりに 164

# 序章

# チャレンジ前夜

## 葛藤と出会い

教員になって初めて担任を受けもち、三年間もち上がりで卒業させたときの感動を忘れることはないと「はじめに」に記したが、教員とは本当に幸せな職業であると感じている。

しかし、私が「担任の先生」だったことで苦しい思いをした生徒もいたであろう。教員と生徒という関係から、あるいはクラスの多数派の同調圧力によって、苦しみの声をあげられなかった「少数派」に対する自責の念も忘れることはない。

二十年ほど前、教員になりたてだったころの私は、先輩教員たちの姿から教員のあり方や指導法を学び、追いつけ追い越せの気持ちで地道にがんばっていた。

今のように「働き方」や「コンプライアンス」が重視されていない時

代だったこともあるが、生徒と向き合うなかで数々の失敗があっても同僚たちがフォローしてくれた。「熱い思い」や「自己犠牲の精神」があれば、保護者の方々もあたたかく支えてくれた。

しかし、いつしか世間の見方が変わり、教員たちが自分の思いをストレートに表現できる場面が少なくなったと感じている。

学級で大きな問題が起こると、担任が個人的に責任を問われるような案件まで出てきた。

また、保護者が我が子を過剰に守ろうとした結果、何かにつけて学校にむずかしい要求を突きつけてくるケースも全国の学校で多く見られるようになってきた。

帰宅した我が子の話や愚痴を鵜呑みにし、学校に物申さずにはいられなくなる保護者が近頃は増えたように感じる。その内容があまりに無理難題であったため、精神的に追い詰められてしまう教員も少なくない。

こうした状況を招いた原因は教員にあるのか、保護者にあるのか。それとも、こうした風潮を広めたマスメディアやネット情報の氾濫が原因なのか。

私はそれぞれに一定の責任があると考えている。そして、それぞれの立場から公教育のあり方を考え直すべきだと感じている。

これは間違いないと確信している。このまま変革がない状況が続けば、不幸な子どもたちはますます増えてしまうだろう。我々教員は、それを全力で阻止しなければならない。

そうした思いを抱えながら、教員としての経験値を増やしていくなかで、一冊の書籍に出合った。

『学校の「当たり前」をやめた。』（工藤勇一 著・時事通信社）というタイトルに目が釘づけになった。すぐに購入し、むさぼるように一気に読んだ。

この本に書かれている教育実践、例えば学級担任をローテーションで回すなどは、それまでの私の頭にはまったくなかった発想であり、この考え方に強く惹きつけられた。

「いつか自分の学年でも実践してみたい」

変革への決意めいたものが、私の心のなかに生まれた瞬間だった。

## 自分を決意させたもの

現在の中学校に勤めて二年目の春。

病気療養明けで、授業以外の校務を担えない教員を学年団に抱えながら、新一年生（通常学級四クラス）を迎え入れることになった。

病気療養明けの教員以外にも、育休明けで時短勤務の教員や初任者もいるという職員構成で、日々の業務はまさに「自転車操業」かつ「火の車」だった。

教員たちは、みな一生懸命に従事していたが、時間が経つにつれて目に見えて疲弊していった。

そのうち、落ち着かないクラスも出てきた。四クラスの朝の会を、教員二人だけで担当する日もあったり、校長に帰りの会をお願いする日もあった。

そんな状況でも、私たちは前向きに、全力で働いていたが、どうあがいても明るい未来を思い描けないこともわかっていた。

「このままでは学年が、学校がダメになる。そして、その延長線上には、子どもたちが不幸になる未来が待っている」

そのとき、あの書籍から受けた衝撃が再び湧き上がってきた。私は学年主任として、この苦境を打破するために「チーム担任制」の導入に挑戦することを心に決めた。

# 第一章

# 教育のリアルと教師のリアル

## 教師・土屋の誕生

「チーム担任制」導入について伝える前に、まずは、私がどんな教師であるかを簡単に説明したい。

というのも、本書で紹介するのは、あくまでも「土屋のやり方」であり、成功も失敗も「土屋のやり方」によるものであるからだ。

それゆえ、本書に書いてあることが、すべての学校・教員に当てはまるとは限らず、適さない場合も当然あり得る。

だからこそ、最初に私のパーソナリティを知った上で、本書を読んでもらったほうが、自校や自分に合ったやり方を見つけてもらいやすいと考える。

## 着任一校目（平成16年～21年度）

「中学校の先生になろうと思った理由は何か？」

教員になりたてだったころの自身をふり返ると、次の三つを挙げていたことを思い出す。

●合唱コンクールで生徒とともに感動を味わいたいから
●バスケットボール部の顧問をやりたいから
●昼休みに校庭で生徒とサッカーをして遊びたいから

このような、いわゆる「学級担任バカ」「部活動バカ」と思われるような動機しかもっていなかった。

土日の休日なども特に求めず、仕事もプライベートもない自己犠牲の精神で毎日を過ごし、それが生きがいの人生を送っていた。

部活動や学級で深くかかわった生徒たちとの絆は揺るぎなく、特に、初めて三年間もち上がりで担当した生徒たちとの思い出は、年月が経った今でも鮮明に記憶している。

例えば、卒業式の日、最後の学活で「さようなら」が言えず、生徒とともに膝から崩れ落ちながら涙を流し続けたこと。

部活動では、私自身も続けてきたバスケットボール部の顧問を務めた。初心者ばかりで一勝もしたことがないチームだったが、土日の終日練習も含めて、ほぼ毎日おこなった練習が実を結び、二年目には県大会に出場できるまでになったこと。

一方で、私自身の授業力の低さや人間性の低さを痛感して落ち込むことも多かった。当時の生徒たちには申し訳ない気持ちでいっぱいだ。

そんな当時の私に、厳しく意見はしても決して見捨てないばかりか、長所を活かせるよう、かかわり続けてくださった先輩教師や保護者の方々には感謝の気持ちしかない。

　初任者のときから「あなたは部活で採用されたわけじゃない」と先輩教師に耳が痛くなるほど言われたが、四年目あたりから、ようやく学習指導に本気で目を向けるようになっていった。

　それまでの私は、生徒指導のやり方も高圧的で自分本位だったが、穏やかに対応することによって生徒たちが前向きに変容していくことに気づき始めた。

　学級経営の面でも、三年間を見通した指導ができるようになり、一年生では「自分の学級」を、二年生では「学年」を、三年生では「学校全体」を意識させられるようになった。

　以前は「優勝すること」しか考えなかった学校行事も、ともに高め合えたことへの感謝や、負けても感動できることを重視した指導に変わり、生徒たちも伸び伸びと取り組めるようになっていった。

## 着任二校目（平成22年〜24年度）

初めての転勤先は、いわゆる教育困難校だった。気の進まない部活動の顧問を担当し、今まで出会ったことのないタイプの生徒たちと向き合う日々だったが、この中学校では多くの出会いと学びの機会を得ることができた。

転勤当初は苦しいことばかりで、自治体や行政のせいにしたり、他人のせいにするなど、当事者意識をもてない日々が続いた。だからといって、自分の理想や思いが燃え尽きることはなかった。

幸いにも、国語教師として尊敬できる先輩に出会えたことが何よりも大きかった。その先輩の行う授業を目の当たりにして感化された私は、学びの場を広げることの必要性に気づくことができた。教育書を読み漁り、県外のセミナーに参加したり、模擬授業を何度も行ったりして授業の腕を磨いた。学びの場は教育界だけにとどまらず、一般企業の方の講演会に出向き、出会いの場を広げることもできた。自分の人生の可能性にワクワクし、他業種への転職を本気で考えたりした時期でもあった。

また、教育困難校とはいえども、学校改革の過渡期だったこともあり、トップダウンとボトムアップ、両方のシステムを経験することもできた。

土日の部活動を実施しなかったこともあり、休日を家族と一緒に過ごせるようになった。それまでの自分は、部活動のない教員人生など、想像したこともなかったのだが、「部活動がない方が幸せな人生を送れる」と感じる日々だった。

これまで私が勝手に決めつけていた「学校の当たり前」が崩れてきたことで、物事をクリティカルに考えられるようになってきた。

さらに、生徒たちの変容や成長のドラマにも目を見張るものがあり、教員同士が学び合う風土も醸成されていた。この学校での経験と学びは、のちの「教師・土屋」を形づくる上で大きく影響している。その証拠に、今でも「また、あの学校で働きたいなぁ」と思い出すことがある。

## 着任三校目（平成25年～31年度）

授業が楽しくてたまらなくなってきたころ、三校目に転勤となった。

キャリア的にも、学級経営に生徒指導にと、学校の中心的役割を担うようになっていた。

そして、指導したくてもできなかったバスケットボール部顧問への思いも再燃した。

ただ、以前のように休みなく練習指導をするわけではなく、「限られた時間の中で最大限の成果を上げる」ことを目標とした。

結果として、週に五日以内の練習で県大会出場常連の強豪チームをつくることができた。

授業力を磨き続ける中で、学級経営や生徒指導にも通じる「原理・原則」をつかみ始めたのがこの時期だった。

生徒が変容していく数々の指導実績を上げられるようになり、周りの教員たちが私の指導に興味をもって質問をしてくるようになった。

私もミドルリーダーとしての自覚をもち、学校全体を動かす役割に尽力する毎日を過ごせるようになった。

一方で、自分の思いの強さや言動の未熟さにより、何人もの生徒や保護者の心を傷つけてしまうこともあった。

私が主な原因となり、教室に入ることができなくなってしまった生徒もいた。悔やんでも悔やみきれない。

彼らの大切な時間は決して戻ってくることはない。やりがいも大きいが、多大な責任も伴うのが、教員という仕事であると痛感した。

## 着任四校目（令和2年～現在（令和7年度））

新型コロナウイルス感染症による、全国一斉休校の渦中に私は転勤した。学校のあり方が加速度を増して変化したのがこの時期だと記憶している。

私は飛び込みで三年生の学年主任になった。

学校の主役は子どもたちであるという基本に立ち返り、管理教育からの脱却に本腰を入れた。

そこでの私は、生徒たちに「自由と責任」を問いかけ続けた。

その問いかけとともに、一人も取り残さない学年づくりに全力を尽くした結果、様々なことがままならないコロナ禍にもかかわらず、「不登校生徒ゼロ」の学年をつくることができた。

不登校の生徒の中には、過去二年間でたったの五日間しか登校できなかった生徒や、服装や身だしなみだけで事実上排除されてきた生徒もいた。そうした生徒たちと向き合い続けたことで、目標であった全員出席の卒業式を実現することができた。

ただし、これらの指導は自分一人では、決して成し得ることはできなかった。学年の教員たちに深く感謝するとともに、目標を達成できたことで、「至らない指導」をしていた過去の自分を見つめ直すことができた。その一方で、そんな過去の自分に対する自責の念との葛藤もあり、苦悩する日々でもあった。

こうした経験によって、私の「学び」への意欲はさらに加速していった。未来の教育のあり方について、職員室で同僚と毎日のように熱く語り合っていた。

このときはまだ、「チーム担任制」にチャレンジする未来を明確に描いていたわけではなかった。しかし、学校の課題や不安と日々向き合う中で、「チーム担任制」も課題解決に向けたアイデアの一つだと思い、同僚と意見交換することはあった。

その当時、学校が抱える一番の課題は人員不足であった。

毎年、病休教員が平均して二名いたが、代替教員がなかなか見つからない状態が続いていたのだ。

そのため、残っている教員たちで授業を分担するなどしてカバーしていた。

しかし、自分の専門外の教科を担当することは、非常にむずかしいものである。生徒にとってもマイナス面が大きい。

そのような「その場しのぎの欠員補充」が続くことで、様々なところに悪影響が出ているのが昨今の教育現場の実情である。

私の学校も、根本的な解決策を見いだせない状態が続いた結果として、疲弊して前向きになれない教員が出たり、病休教員を増やしてしまったりと、負のスパイラルに陥っている状況が見られた。

こうした状態は、生徒指導の面にも大きな影響を及ぼした。管理的な指導場面が数多く見られるようになり、生徒のよくない面を教員間で共有する傾向になっていた。

「何とかしなければならない」

強い危機感を感じた当時の私は、そればかりを考え続ける毎日を過ごしていた。

これが、「チーム担任制」にチャレンジするまでの教師・土屋である。

# 第二章

# 「チーム担任制」の提案へ

# 教師の都合か、生徒のためか

この章では、私が「チーム担任制」へのチャレンジを決意してから、何を考え、どのように行動してきたのかを時系列で紹介していく。現在もチャレンジ続行中のため、途中経過として読んでもらえればと思う。

## 二〇二一年四月〜十月……最悪な新年度のスタートと校長の一言

全員が出席した感動の卒業式からひと月が経ち、私たちは新入生を迎え入れた。

前年度の経験を踏まえて前進していこうと奮起していたのも束の間、なんと、入学式の前日になって学年団の中堅教員が校務を担えなくなったことが発覚した。

他学年はすでに始業式を終えており、これからの補充や調整は不可能。私たちだけでなんとかしなければならなくなった。

しかし、この年の学年団は若手が多く、苦しい状況を切る抜けるための経験値が圧倒的に不足していた。

かくして、私たちは欠員が出た状態のままで新年度をスタートすることになった。

学年団全員がこの状況を何とか乗り切ろうと奮闘したが、自転車操業のような毎日に疲弊し、欠勤する教員が増え始めた。その影響もあって、落ち着かないクラスも出てきた。

そんな状態で半年が経過した十月の職員会議。校長が発した言葉が私の転機となった。

## 第二章　「チーム担任制」の提案へ

「クリエイティブに仕事をしていきましょう。古い慣習にとらわれる必要はありません。先生たちも主体的に思考していきましょう。なにかチャレンジしてみたいことがあれば、いつでも申し出てください。例えば、学年担任制とか……」

会議のあと、私はすぐに校長室を訪ねてこう言った。

「校長先生、私は『学年担任制』をやってみたいです！」

## 同年十月　職員に「思い」を発信し意見を求める

校長に自分の意思を伝えたあと、次の内容を書面にして全職員に配布した。

学級担任はとても楽しくてやりがいのある仕事だ。

私はこれまでの教師経験の中でたくさんのドラマを目の当たりにし、生徒や保護者とともに感動を分かち合うことができた。

しかし、学級担任をしてきた中で後悔したこともたくさんある。

# 第二章　「チーム担任制」の提案へ

「先生と価値観が合わない」

「先生の熱さ（情熱的な指導）についていけない」

「先生の理想が高く、それに答えられないため逃げ場がなくなる」

こうした理由から私と良好な関係が築けず、学校生活を楽しめなくなった生徒を目にしてきた。

ほかのクラスと比較され、「あっちのクラスの方がよかった」などと言われたこともある。

また、私の指導が原因で、生徒を不登校に追いやってしまった苦い経験もあった。

特に、二十代のころは、学級経営について至らないことだらけだった。

その一方で、当時は尊敬できる先輩教師たちが、私たち若手が目指すべき「学級のあり方」を存分に見せてくれていた。

そんな先輩たちの姿から「見て学び」、日付をまたいで仕事に打ち込み、頻繁に「飲みニケーション」を行う生活が、私を成長させてくれたのも事実である。

それが、ここ数年の間で世の中の見方がだいぶ変わってきたように感じている。

私が強く違和感を覚えたのは、二〇一三年に名古屋市内の中学校で起きた「中二男子いじめ自死事件」である。

私は初任者時代に、

「私たち教師個人が責任をとれる範囲など存在しない。個人のミスも、すべて学校長や教育委員会の責任になる。だから軽率な行動はとるな」

と教えられた。

しかし、この事件で記者会見をしたのは当事者の担任教諭であった。テレビに顔は出さない条件だったとはいえ、私にとっては衝撃の出来事だった。

## 担任の先生って、こんなに責任を負わされる仕事だったのか

# 第二章 「チーム担任制」の提案へ

このころには「モンスターペアレント」という言葉もすっかり認知され、保護者にとって学校が「サービス業化」していく気配を感じていた。

あえて失礼な言い方をするが、「中途半端に賢い親たち」が、我が子の前でも平気で教員のことを批判するようになっていった。

もちろん、教員の質が低下したと言われれば反省するしかないのだが、子どもたちが真っ直ぐに成長するためには、保護者と教員は協働した方がよいと考えている。

そのような時代の流れのなかで、「担任には当たりはずれ（担任ガチャ）がある」ことが表面化してきたと感じている。

「担任なんてやりたくない」と考える教員が徐々に増えてきたのもこのころだろうか。

私はこのような背景から「担任は固定すべきではない」と考える。

その理由は、次に示すようにデメリットの方が大きいからである。

〈固定担任制のメリット〉

・教員と生徒がかかわる時間が長いため親しみやすく、信頼しやすい
・責任の所在、窓口がわかりやすい
・学校行事などで担任を含めた思い出をつくりやすい
・いつも同じ教員だから安心感がある

〈固定担任制のデメリット〉

・「当たり」「外れ」が生まれ、不公平感が出る
・学級経営の力量の差が、生徒の学力差にもつながる
・異性の大人に相談しにくい生徒が困る
・性格が合わない場合、生徒が一年間つらい毎日を送ることになる
・より多くの大人とかかわる機会が奪われてしまう
・担任依存型の学級だと、「生徒の自治能力」が育たなくなる

先日、一年生の四クラスそれぞれで、「未来の教育を考える」と題した授業を行い、「固定担任制」についての討論する機会を設けた。

どのクラスの生徒も本音で意見を交わし合い、なかには、時間が足りなくなるほど議論が白熱したクラスもあった。

そこでの発言を紹介する。

〈固定担任制に賛成派〉　※分布は約二割

・先生がコロコロ替わると信用できない
・先生が生徒の性格をつかめるか心配
・三者面談をするときに困るのではないか
・苦手な先生になったとしても、相手のよさを見つけることが大切
・人見知りの人は、時間をかけないと関係が築けない
・担任の先生が、今の私のクラスをまとめてくれている

〈固定担任制に反対派〉　※分布は約八割

・クラスをまとめるのは先生ではなく生徒がやることだ
・社会に出たらいろいろな人とかかわるから、その練習になる
・悪い先生にあたると、悪いところしか見えない
・いやな担任だと不登校の原因になる
・小学校のときの担任がひどかった（共感者多数）
・ほかの先生に相談しづらくなる
・一人の先生に慣れると甘えにつながる
・嫌いな先生にあたると一年間苦痛だ
・クラスに差が出て公平じゃなくなる
・先入観やレッテルを貼られやすい

このように、従来の型に満足していない生徒の方が圧倒的に多い現状であった。

第二章　「チーム担任制」の提案へ

固定担任制に賛成する生徒の多くは、過去の経験をポジティブにとらえている傾向があり、そのよさを主張したが、反対派がそれにことごとく反論していた。

小学校時代のいやな経験が理由の生徒も多かったが、「この中学校には、そんな先生はいない」という発言もあり、心があたためられた。

従来のやり方では、固定担任制に見られる多くのデメリットを解消することはむずかしい。また、どんな形をとるにせよ、私たちが「学び続ける教師」であることが求められるのはいうまでもない。

ただ、今までに経験していないことと向き合うのは、「不安」がつきまとうものである。

この不安をいかに小さくできるかが、学年担任制導入への最大の課題であると考える。

生徒や保護者も不安に思うに決まっている。

だからこそ、段階を踏んで、ていねいに説明していく必要がある。

課題は多く存在するが、この学校の現状を踏まえると、担任を固定しない方がメリットは大きいことは明らかである。

特に「不登校」や「生きづらさ」を感じている生徒をサポートできる効果は大きい。

やはり課題の多くは、私たち教師の側に存在するのではないだろうか。

○運用のアイデア（例）

■前提となる学校目標や原則を設定する

・学校努力点を最上位目標にして、各職員が指導にあたる

■中学三年生での運用は見送る

・進路指導もあり、混乱を招くおそれがある

・これまで通り、「進路指導主事」が全体をサポートする

■生徒が当事者意識をもてるように指導する

《例》「みんなが楽しく生活するために、クラスで大切にしたいこ

とは何か」

■担任の入れ替えのタイミングは柔軟に設定する
・日替わり、三日交替、一週間交替など、生徒の実態を踏まえて
　運用する
■生徒の情報を共有する
・生徒の様子などを学年で共有していくことが一番大切
・情報交換を密に行うことで、私たちの「当事者意識」も高まる
■保護者会や教育相談は、「誰でもよい」か「三人の先生を指名」に
・特定の教員に票が集まるのを避けることで、バランスがとれる
・生徒や保護者のニーズに応じて対応することができる

この書面を読んでもらったあと、職員から意見を求めたが、回答が得られたのは数名であった。

「学年担任制」という言葉がまだ聞き慣れなかったからか、考える心のゆとりがなかったからか、さみしい回答数だった。

左記がその意見である。

・一部の人や学年を取り仕切る人に負担が偏りそう
・土屋先生と一緒の学年だったらやってみたい
・病休の職員が数名いる状況なので、ベターなやり方だと思う
・二人担任だったり、学年所属の先生がサポートしたりすれば解決する話だ

### 同年十一月……先進校の視察

次に私が行ったのは、東京都千代田区の麹町中学校の視察だった。書籍で読んだ工藤勇一校長（当時）の学校である。

視察の目的は、学年担任制がどのように運用されているのかを実際に

見て学ぶことだった。

そこでは、職員の情報共有と連携こそが肝要であること。

そして、それができることで、教員の当事者意識と協働性が高まり、たくさんのメリットが生まれることを教えていただいた。

また、教育相談や三者懇談を二人体制で行うことが、若手の育成にもつながるという。これもわが校にとって大きなメリットになる。

視察後、そのほか学んだことも含めて報告書をつくり、全職員にフィードバックを行った。

## 同年十二月……試験的に導入

先進校を視察できたことで、より導入に向けたイメージが固まり、試験的に学年担任制を導入してみることが決定した。

十二月上旬の二週間を「担任プチローテーション期間」として、学年内で朝の会、昼食指導、帰りの会を順番に担当した。

そこでの目的は、「日ごろは見られない生徒のよさを発見する」ことだった。

授業を担当していないクラスに入った教員からは不満の声も出たが、ほかのクラスの様子を目の当たりにしたことで、それぞれが自身の指導を顧みることができたようだった。

そうした新しい発見を含めて、試験的な導入で発見できた生徒のよさを学年通信にまとめて保護者にも発信した。

### 二〇二二年二月～三月……職員会議にて正式提案するも合意形成ならず

年が明けて二月、私は職員会議で「学年担任制」の実施提案を行った。多くの賛同を得られた一方で、強く反対する教員が若干名いた。

〈反対派の主な意見〉

・やったことがなく不安だ。保護者や生徒が混乱するのではないか

・視察した学校がいう「デメリットは特にない」は本当なのか
・学級担任をするために教員になった。担任こそが教員のやりがいだ
・学年内に協力的でない人もいるため、自分の学年ではやりたくない

こうした反対派の意見を否定するつもりはまったくない。

自分も固定担任をやりがいに思って教員生活を送ってきたからだ。学級生徒への愛情と自己犠牲により、たくさんの感動を得てきたのは事実である。

そもそも、それぞれの教員が自分のクラスをきちんと指導し、あたたかな集団をつくれるのであれば何も問題はないのだ。

しかし、現状はそうではない。

現任校には毎年、病気療養で長期欠勤している教員がいる。市内の多

くの学校が、これと似たような状況にある。危機的状態であることはだれの目にも明らかだ。

しかし、職員会議は最後まで紛糾し、結果、来年度の方向性を確定するまでには至らなかった。

ただ、私の学年では実施する方向で動くことにはなった。しかし、保護者や生徒への事前説明を行う時間的余裕がなく、三月下旬にＰＴＡ役員へ次年度の実施を示唆するに留まってしまった。

## 同年三月……職員会議を終えて

「学年担任制」は、現状を打破するために最適な方法だ。しかし、それに強く反対する教員の気持ちもわかる。

ただ、彼らには当事者意識が足りないとも感じていた。私の学年団の苦しい台所事情など、結局は「対岸の火事」であろう。「次は私の学年がそうした状況に陥るかもしれない」という意識が足りていない。これでは「チーム学校」とは言えない。

また、「担任こそが私のやりがいだ」と考えている教員もいれば、「学年や学校のために目立たないところで力を発揮したい」と考えている教員もいる。そして、後者はまわり（特に生徒や保護者）からは認識されにくい。

私自身の過去の反省も大きく踏まえて言わせてもらうが、学級経営や部活動指導を熱心に行ってきた教員は、生徒の変容や成長のドラマを目の当たりにしやすく、仕事のやりがいも得やすくなる。

それゆえ、必然的に生徒や保護者からの感謝も得やすくなり、その結果、いわゆる「学級王国バカ」「部活動バカ」の教員が生まれるリスクも高くなると感じている。

私にもこうした教員観があるように、ほかの教員たちにも様々な思いがあるだろう。そして、思いが異なれば、そこには感情の対立も生まれる。

そうした教育観の対立や溝を調整するのは容易ではない。

だが、私はあきらめたくなかった……。今まで積み上げた自身の学びと生徒の変容の事実を根拠に進むことが、最善の道だと考えた。


現状打破には「チーム担任制」しかない。

このままでは生徒も教師も不幸になる。

公教育が壊れていく。


発端は「大人の台所事情」によるところが大きく、それゆえ、「その場しのぎ」だと言われればそれまでだが、暗い未来がやって来てからではすべてが手遅れになる。

教員は転勤したり、病気になったりすれば、そこから解放され、逃げられるかもしれないが、子どもたちや保護者がそこから逃れることはむずかしい。

現場の状況がこのまま引き継がれてしまうことが、子どもたちの未来をネガティブにしてしまうことを想像すると、歯がゆい気持ちでいっぱいになった。

「チーム担任制」を実施したい思いは、日々強くなる一方であった。

守るべきは子どもたち。

そのためには、まず教員を守っていく必要があるのだ。

## 同年四月　遂に導入。判断を学年職員に委ねた校長のねらいは？

四月の学年委嘱で校長が発した次の言葉には、驚かされたと同時に、その英断に感謝した。

「学年職員だけを委嘱します。担任を誰にするか、二人担任制にするか、副担任や所属を入れるのか。あるいは、担任を固定せずに回すのか。

すべて学年で話し合って決めてください」

「学年の判断に任せる」という、この足並みの揃え方は、教員たちの当事者意識を生んだ。

教員たちこそ主体的に働くべきなのだ。私は校長のメッセージとして、そう受け取った。

結果、私の学年（当時二年生）だけが、学年担任制を採用することに決まった。私は名称をわかりやすくするために「チーム担任制」とした。それぞれの学年の決断を、校長は次のような言葉で後押ししてくれた。

「うまくいかなければ、『勇気ある撤退』をしてくれても構わない。その責任は校長がとる」

なんというありがたい言葉だろう。この校長との出会いがなければ、今の私はなかったかもしれない。

どんなに強い使命感や変革への気持ちを抱いていたとしても、トップである校長の理解が得られなければ、実現はおろかチャレンジすることすらできなかったかもしれない。

また一方で、他学年も「固定担任制」をよりよいかたちで実施しようと、目の色を変えている様子があった。

私を含め、校長の言葉を受けた教員たちが変わりはじめ、それが学校全体に様々な相乗効果をもたらす気配を感じ、うれしく思ったのを覚えている。

# チーム担任制の運用について

令和〇年度　第二学年

1　目的

・様々な個性をもっている生徒たちを「誰一人として取り残さない」ようにするため。
・生徒の当事者意識を高め、集団の自治能力を高め、生徒主体の学校をつくるため。
・教師のもつ「よさ」や「個性」を、生徒に平等に与える機会をつくるため。

2　運用基本方針

常に「担任」または「サポート」の役割をもつ。(職員５名で３クラスなら、担任３名、サポート２名)

（1）基本的な回し方

・一週間交替でクラスを順番に回っていく。

| | 1週目 | 2週目 | 3週目 | 4週目 | 5週目 |
|---|---|---|---|---|---|
| A組 | 教師A | 教師E | 教師D | 教師C | 教師B |
| B組 | 教師B | 教師C | 教師A | 教師E | 教師D |
| C組 | 教師C | 教師D | 教師B | 教師A | 教師E |
| サポ | 教師D・E | 教師A・B | 教師E・C | 教師B・D | 教師C・A |

・登下校指導は担任が教室、サポート職員で学年廊下や校門に分かれる。
・朝の出欠確認ができない場合の電話連絡はサポートの職員を中心に行う。
・担任は「朝の活動」「昼食指導」「帰りの会」の指導（支援）を行う。
　※生徒が自分たちで動けるようになったらすべて生徒に任せていく
・生徒指導事案が起こった場合
　〇小さな問題　→その日の担任で指導にあたる。
　〇複数クラスに関わる問題　→生活担当と相談して指導にあたる。
　〇大きな問題など　→生活担当や学年主任と相談して指導にあたる。
　　※小さな問題でも、雑談みたいな形で情報共有ができるとうれしい。
　　※問題行動の指導が継続する場合、同クラスの担任を継続して行うこともある。
　　※問題行動の共有よりも「生徒のよさ」の共有がより多くできればうれしい。
・清掃活動は、担任が教室を中心に、サポートが土間や特別教室などを担当する。
・授業後の欠席生徒への連絡や、出席簿の管理などはその日の担任が行う。
・予定している担任の欠勤などがあれば、サポートの左側に名前がある人が代理を務める。

（2）教育相談・三者懇談会のもち方

・生徒（保護者）から事前アンケートをとる。学年職員の中から三名を指名してもらう。
　→その中から担当を振り分けて面談にあたる。（状況に応じて二名体制で行う）
・六月の教育相談と七月の三者懇談会をセットで担当する。十一月と十二月もセット。
　（二学期の面談担当生徒について、道徳評価や要録データの入力を行う）

（3）運用の留意点

①生徒との書類やりとりで、チェックミスや伝達ミスがないように心がける。
②生活面での基本的なルールはどのクラスでも同じように指導（支援）する。
③担任が「気付き」や「思い」を遠慮なく伝えていく。
④生徒に当事者意識をもたせるために、「温かいが不親切」くらいの接し方がよい。

資料①　チーム担任制導入決定後に配布した「学年運営方針」

## ハッピーRED※　自治的・創造的学級集団を目指して

〈第一段階〉混沌期　緊張や不安が大きい状態

・生徒同士の関係づくりができる場面をつくろう
・「人が話している時は黙って聞く」などの基本的な約束も必要

〈第二段階〉小集団形成期　三～四人のグループによる協働ができる状態

・特定の人が強い発言力をもつのでなく、一人ひとりの意見を集めよう
・フォロワーやサブリーダーがたくさん現れ出すとよい

〈第三段階〉中集団形成期　六～八人のグループによる協働ができる状態

・互いの個性を認め合えるようになっている
・適材適所で役割があり、それぞれが自分の持ち場で活躍できる
※ここが達成できれば「Ｂレベル」だ！

〈第四段階〉大集団形成期　十人以上が関わって協働ができる状態

・全員に居場所があり、全員に当事者意識がある
・リーダーの存在感が薄れ、一人ひとりの活躍場面が増えている
※ここが達成できれば「Ａレベル」だ！

〈第五段階〉自治的・創造的集団　自分たちで協働・自治ができる状態

・教師の力を借りなくても、自分たちで学級経営をすすめている
・学年以外の物事にも目を向け、新たな価値を作り出そうとしている

**今、自分のクラスはどの段階かな？**
**段階を上げるために何ができるかな？**
**みんなで協働・思考していこう！**

資料②　生徒たちに示した「学級経営案」

※「ハッピーＲＥＤ」とは学年カラーの赤とみんなでハッピーになろうという想いを込めて、執筆者がつけた名称

# 第三章

# 導入後の生徒・保護者・教員の反応と気づいた課題

## 二〇二二年四月……「チーム担任制」導入を伝えたときの生徒たちの反応

新年度の始業式、担任発表のかたちを変えた。

「二年生はチーム担任制でサポートします。学年職員全員が君たちの担任の先生です」

という校長の言葉に、生徒たちはざわついた。始業式終了後、すぐに学年生徒を体育館に残し、学年主任の私が趣旨説明を行った。生徒数人から感想を聞くと、「不安です」という意見が大多数を占めていた。当然の反応だろう。未知のことを唐突に通達されれば、大人でも困惑する。

チーム担任制の運用開始直後は、一日交代（曜日制）でローテーションを回した。

しかし、教員側で年度当初の提出物を円滑にチェックすることができず、生徒への声かけが重複してしまうことがあった。生徒たちからは不満の声があがった。

教員間での情報共有の重要性を理解しているつもりであったが、改めてそれを痛感したと同時に、一日交替がむずかしいことがわかった。

ある休み時間には、他学年の教員が生徒に対して「二年生は担任の先生がいないからねぇ……」と発言しているのを聞いた。

がっかりした。私たちはそのような意識ではなく、「全員が担任」という思いで生徒と向き合っているのに……。

残念な気持ちになると同時に、学校全体で趣旨を理解する必要性を感じた。

この月の下旬には、例年実施していた学級懇談会に変えて、学年保護者会を実施した。

事後報告になってしまうが、「チーム担任制」の運用方針や目的について保護者に伝える重要な時間である。

私はまず、昨年度の学年職員の苦しかった状況を語り、「担任の先生が突然いなくなることほど、子どもたちが不安定になることはない」という言葉を述べた。

次に、チーム担任制の目的である「より多くの教員で生徒を見守ることで、一人の生徒も取り残さない」「生徒たちが主体的にクラスや学年をつくる」といった目的を伝えた。また、教育相談や三者懇談会の実施方法についても説明した。

説明後、出席した保護者から質問や意見は一つも出なかった。保護者もこのシステムに慣れていないため、意見が出しにくかった部分はあったと思うが、学年職員の指導に対する一定の信頼感は得ることができたと感じた。

また、ベテラン教員が「教育相談や三者懇談会では、昨年からこの学年にいる先生に希望が偏りやすくなる可能性があるので、特に要望のないご家庭は、『誰でも構わない』を選んでいただけると助かります」と話してくださった。とてもありがたいサポートだった。

## 一年生時の「固定担任制」の影響を考える

慣れていない教員との出会い、慣れない担任システムへの対応など、生徒にとってむずかしい状況がたくさんあった。また、生徒から人気のあった教員が転勤し、チーム担任のメンバーとなっていないことも、生徒たちの不安定さに影響した。

そんな逆風が吹き荒れる中での運用開始だったが、私に一切の迷いはなかった。

「うまくいかないのは、ファーストペンギンだから仕方がない。しかし、考え方は絶対に間違っていない。私たちはいつか多数派になるべき少数派なのだ。実践を広げてみせるぞ！」

そんな強い思いを抱き続けていた。

それからは、生徒や教員の事実の記録を積み重ね、分析と考察を行う毎日だったが、学年団の前向きな仕事ぶりと協働体制のおかげで、やりがいを感じながら進めることができた。

名古屋市立八幡中学校
2年生学年通信 4月号

# ハッピーRED

令和4年4月●日（●）

## コミュニケーションを「密」に

「チーム担任制」が始まり、みなさんの不安もまだたくさんあることと想像しますが、私たち学年スタッフの情報共有や意見交換は、従来以上に盛んに行われています。「生徒が見せてくれた心温まる出来事」や「教師側の支援で気になった点」など、多くの話題が飛び交っています。情報交換と連携こそが「チーム担任制の肝」だと思うので、コミュニケーションを「密」に行っていけるように努力していきます！

保護者・教員も含めて「全員参加・全員本気のハッピーＲＥＤ」を目標にしていきたいです。ご理解・ご協力をよろしくお願いします。

名古屋市立八幡中学校
2年生学年通信 5月号

# ハッピーRED

令和4年5月●日（●）

## 成長の度合い、高まる

学級活動で行った「席替え」をはじめ、私たちの当事者意識は徐々に高まってきています。先生が様々な物事を決めた場合と比べると、時間も手間もかかりますが、「思考と協働の質」はそれらを大きく上回るものです。自分たちの学級・学年だという意識が強くなればなるほど、私たちの成長度合いは高くなるのです。

前期の議員たちは「学活企画書」を書いたり、担当の先生に相談したりと、早くも思考はフル回転です。取り回しの仕方や、言葉の伝え方には課題もあるけれど、クラスのみんなとも互いに支え合って解決し、かけがえのないクラスを創りあげていきましょう。

資料③　チーム担任制導入当時の「学年通信」

## 実施二か月で生徒・職員に「アンケート調査」見えた課題とは

チーム担任制を導入して二か月が経ち、生徒たち、そして職員の戸惑いが少し薄らいできたところで、アンケート調査を行った。

現状を把握し、次につなげるための課題を見つけることが目的である。次ページがその結果をまとめたものだ。

## チーム担任制　生徒アンケート結果より

### よいな！ と思うこと

クラスのことを聞くのが誰でもいいから楽になった

みんな明るくて、みんな仲がよい

それぞれ違った付き合い方があり、コミュニケーション力が高まる

みんながクラスのことを考えている

あまり話したことのない先生と、たくさん話ができた

いろんな先生と話しやすくなった

責任感や自立精神が高まる

いろいろな先生が自分のことを知ってくれる

苦手な先生がいても毎日変わるから頑張れる

苦手だと思う先生が、毎日ではなくなった

### 気になるな！ と思うこと

今日決まったことを、次の日の担任が理解していないことがある

先生が変わるからややこしいことがある

クラスの決め事について、日替わりだと進行具合がわからない

曜日担当が決まっているが、それもどんどん変えてほしい

どの先生が自分のことをよく知っているかわからない

何かあった時に誰に相談してよいかわからない

### 工夫してほしいと思うこと

一週間ごとに担任を変えてほしい

一人ひとりの先生と話す時間がほしい

同じ情報をしっかり伝えてほしい

### 【学年職員のアクションプラン】

「情報交換、引き継ぎ」

「連絡事項の統一」

「日常の生徒との関わり」

「担任ローテ周期の工夫」

※実行できていることも含めて、確認と検討をおこなった

資料④　導入二か月後に実施した「生徒アンケート」の結果

## チーム担任制　三か月のふり返り

6月30日（木）ハッピーRED

### よかったこと・続けていきたいこと

・続けてきたことで教員も生徒も慣れてきた
・担任がない日があるため、一週間の負担が軽く感じた
・学年生徒みんなと関わる意識がもてた
・教員間の情報共有ができている
・学年の教員すべてが、どのクラスのことも同じくらい知っていてくれるから、質問がしやすくなった
・指導が必要な生徒や問題行動が起きた時に、一人担任だと「自分だけで指導しなくては」というプレッシャーがあるが、チームで連携できているので心強い
・生徒から「いろんな先生と話せる」という声が出てきたこと
・生徒指導の時に関係の深い教員で生徒対応できること
・自分のことを苦手だと思っている生徒とは無理に関わらなくてもいいこと
・学年の先生に報告や相談がしやすいこと
・一日交替と一週間交替の二つを取り入れたことで、生徒の様子や変化を効果的につかめるようになった。
・一年間の担任だと、三月までの関係維持を考え、言うべきことを我慢してしまう時があるが、チーム担任だとほかの人がフォローしてくれるので遠慮なく「思い」を発信することができる

### 目指したいこと・挑戦したいこと

・生徒にもっと当事者意識、主体性をもたせたい
・各クラスの特色をしっかり把握することを目指したい
・クラスのよさや課題に気づかせ、改善をうながす指導力アップ
・みんなが笑顔になれること
・リーダーシップをとれる生徒を育てたい。例えば、議員と担任が朝の打ち合わせ的なことをして、プチ担任として全体を見る目をもたせるなど

**「主体的に思考する集団」にするために**

### 問題点・気になること

・生徒の所属クラスを覚えるのに時間がかかる
・見るクラスが増えるため、慣れるまでに時間がかかった
・クラスのよさや課題点について、より意識してみる必要がある
・学活などの継続的な活動の指導がむずかしい
・朝の様々な活動が、ざわざわして終わってしまうことがあったが、その状態がよいかどうか迷い、何となく時間を過ごさせてしまった
・自分の思いや気になることを、どの程度クラスで話していいか迷い、一人担任でやっている時よりもブレーキをかけてしまうことがあった。それが生徒にとって結果的にはマイナスになってしまう場面もあるのではないかと思ってしまう
・スコラ手帳に一日のふり返りをする時間を作りたい

### すぐに実行できそうなこと

・生徒のよさや課題点がわかってきたので、積極的に働きかけていく
・タブレットなどで調べたことを見える化して提示し、考えを共有したい
・いろいろな先生方の指導や関わり方を見て学び、実践していくこと
・教員たちの「思い」を遠慮なく発揮していくこと
・議員と担任が朝の打ち合わせ。「どう思う？」「どうしたい？」

**そのほかつぶやき**

・トイレのそうじをていねいにやりたい
・学校運営、学年運営的にはよい取り組みだと実感できています。ただ学級経営が好きな立場からするとさみしさはあります。ただのつぶやきでした！
・報連相がしやすいことがとてもありがたいです！
・もっと多くの学校に広まればいいのに。不登校生徒が減るし、不登校教員も減るよなぁ
・翌日の連絡を電子化したい。生徒机の位置を微調整したい

資料⑤　導入二か月後に実施した「教員アンケート」の結果

生徒アンケートの結果は、すぐに生徒や保護者に発信した。また、職員アンケート結果もふまえて学年会で話し合い、運用方法を次のように修正した。

- 担任ローテーション周期の変更。一日交替の曜日制から、一週間交替に変えた
- 担任として、自分の「思い」を遠慮なく発信し合うことを確認した。「誰かがやってくれる」という感覚ではなく、「自分が生徒たちのために力を発揮する」という感覚が重要。教員の個性はためらわずに発揮した方が、子どもたちの成長にとってプラスになる
- 情報共有が重要であることの再確認

授業の空き時間に何気ない会話のやりとりをしたり、授業後に生徒の様子を共有したりすることを引き続き行うことを確認した。

また、若手教員の提案でクラスノートを作ることに決め、教員の気づ

きや引き継ぎメモなどを書き込めるようにした。

このように生徒や教員のリアルな声を、スピード感をもって反映していくことを大切にした。

学校現場は意思決定のプロセスが遅いが、子どもたちの三年間はあっという間で、青春が戻ってくることはない。

「ＯＯＤＡループ」を素早く回し、結果を恐れることなく意思決定をすることが、これからの学校現場に求められていると感じている。

七月ごろには生徒も教員もやり方に慣れ、「チーム担任制」も開始当初の不安定さはすっかりなくなっていった。違和感も確実に減っていき、一学期が終わるころには運用に安定感が生まれた。

5月下旬～　担任ローテーション

| | 5/27～ | 6/3～ | 6/10～ | 6/17～ | 6/24～ |
|---|---|---|---|---|---|
| A組 | A | C | E | B | D |
| B組 | B | D | C | A | E |
| C組 | C | E | B | D | A |
| サポート | D（E） | B（A） | A（D） | E（C） | C（B） |

資料⑥「担任ローテーション表」

名古屋市立八幡中学校
2年生学年通信 6月号

# ハッピーRED

令和4年6月●日（●）

## 努力は必ず報われる

「努力は必ず報われる」

この言葉を聞いて、あなたはどのように感じますか。私は「努力した結果がうまくいくとは限らないが、努力したことはすべて報われる」と考えています。

今年の体育祭は「運動の得意な人も苦手な人も、みんなが楽しめるように」との目的で行われました。アスリート的な要素のある種目が少なかった課題こそあれ、学級対抗種目が多かったので、生徒たちが主体的に思考し協働できる機会は多かったと思います。大縄跳びのグループづくりから練習、玉入れの作戦考案など、学級生徒でアイデアを出し合っている姿が見られました。その中で、一生懸命練習したけれど結果が出なかったクラスもあったと思います。これは、「努力が報われなかった」のでしょうか。いや、違います。クラスのために思考し、当事者意識をもって取り組んだ人たちはみな、心が成長しているのです。「報われる」とは結果のことを指すのではなく、「努力しているうちにいつの間にか心が成長している」という意味なのです。

資料⑦　六月・七月の「学年通信」（P.65～68）

名古屋市立八幡中学校
2年生学年通信 6月号②　**ハッピーRED**

令和4年6月●日（●）

## 二か月の気づき

新しい学年が始まって、早いもので二か月が経ちました。緊張と不安の多い時期を過ぎて、六月はそれぞれの個性が発揮されやすい時期です。よい点を挙げるならば、「伸び伸びと学校生活を送れる生徒が増える」のですが、反対に「環境への慣れが甘えを生み出し、行動がルーズになる」ことも多いと感じています。この二か月をふり返ってみましょう。

まず、学習への取り組み方はどうでしょうか。

先日、国語・理科・数学の再テストを授業後に実施しました。評価が「C」以下の生徒が「B」まで段階を上げられる機会です。どの教科も対象者は平均で三十名程度はいたはずです。しかし、再テストを受検した生徒は「国語で一名だけ」でした。私たちはこの現状に対して強い問題意識をもっています。君たちはどう感じていますか。学習の主役は一体誰なのですか。

次に、集団との関わり方はどうでしょうか。

クラスの中で、自分の役割を果たすことができていますか。集団のために行動することはできていますか。学級集団のレベルを高めることで、一人ひとりの居心地がよくなり、それぞれの学校生活がより楽しくなっていきます。そして、居心地のよいクラスでは学力が高まりやすくなることが科学的にも証明されています。人のため、集団のために行動できる人のことを、私たちはこれからも全力で応援します。

私は、この時期によく言われる「中二病」や「中だるみ」といった言葉が好きではありません。中学二年生は本当にむずかしい時期なので、悩みを抱えやすく、生きる道に迷いやすいことは事実だと思います。しかし「中二病だから仕方ないよね」のように片付ける風潮があることには強い抵抗感を覚えるのです。

君たちの同世代の中には、甘えに負けず、周囲の雑音にも流されず、努力を継続している人たちがたくさんいます。この学年生徒の中にも、そして市内や全国の中学校を見渡した時にも、です。その人たちの姿を自分なりにイメージし、目線を高くもてるようになる人が増えれば、この学年・学校はどんどんよくなると思っています。

私は、この中学校をよりよくしたい。今年や来年だけでなく、その先の未来も。例えば、君たちが大人になって、自分の子どもをこの中学校に通わせる未来にも。

そんな未来の我が校に通う生徒は輝いていますか。その未来を作るのは一体誰ですか。

名古屋市立八幡中学校
2年生学年通信 7月号

# ハッピーRED

令和4年7月●日（●）

## 稲武実行委員会

九月の野外学習に向けた活動が始まりました。活動初日から、どの教室にも熱気や活気があふれていて、私たちは君たちの「主体性」に圧倒されました。最高の思い出をつくるためには、そこまでの道のり（準備）が何よりも大切です。各実行委員会からの報告や提案、当日の運営を楽しみにしています。

君たちは先日の全校集会で校長先生が語られた言葉を覚えていますか。「信頼し合える」関係になれることが大切だというお話でした。信頼関係で結ばれた集団は幸せです。それは時に、信じられないような感動のドラマをいくつも生み出します。ハッピーＲＥＤの信頼関係は現在「積み立て中」ですね。信頼を失うのも得るのも、すべては日ごろの行動にかかっています。全員参加・全員本気の学校になりますように。

名古屋市立八幡中学校
2年生学年通信 7月号②

# ハッピーRED

令和4年7月●日（●）

## 時代が変わっても変わらないもの

「全員参加・全員本気のハッピーＲＥＤ」という学年目標を掲げて始まった新学期。全員参加については概ね達成することができています。クラス替えや担任システムの変更など、様々あった環境の変化にも多くの人が適応し、前向きな学校生活を送ることができています。課題もありますが、ハッピーＲＥＤ全員が学校に居場所を作ることができていると感じています。

さて、「変化の激しい時代」などと言われるようになって久しく、今では五年後、十年後の未来を予測することさえ本当にむずかしい時代になりました。しかし、時代が移り変わっても変わらない大切なものがあります。例えば、「人のために行動することの大切さ」は変わりません。むしろ、一人ひとりの権利が尊重される時代が進めば進むほど、「人のため」という考え方の必要性は高まっていくものだと思います。この学年に関わる人たち全員がハッピーになることを目指すうえでも、この「利他の精神」は必要不可欠です。

あなたは今学期、どれだけ「人のため」に行動することができましたか。私たちは、「人のため」「集団のため」に行動できる人たちを、これからも最優先で支援します。

## 「チーム担任制」移行後に現れた様々な変化

### 〈生徒の変化〉

リーダーたちの当事者意識が急激に高まり、「自分たちのクラスは自分たちでつくる」という思いが広がっていった。

教員がきっかけづくりの支援は行うが、生徒が企画・運営する時間が増えた。

例えば「学級会」を開いてクラスのよさや課題を共有したり、学活で実施したいことを代表者が提案したりする姿が増えた。「席替え係」をつくって、できる限り多くの意見を取り入れながらクラスの座席表をつくる試みも広がった。

失敗する場面も度々あったが、すべてが生徒たちの生きた学びへとつながっていった。そこでのワクワク感に満ちあふれた子どもたちの表情が忘れられない。

また、生徒たちが教員を選んで話しかけてくるようになった。

特に個人的な悩みがある生徒にとっては、相談できる相手を選べるのは安心できる仕組みになった。

また、「生活指導」や「特活担当」など、教員の立場に応じて生徒が話をしてくることも増えた。


**〈教員の変化〉**


一番の変化は、「みんなで働いている」という実感が強くもてるようになったことだった。

それぞれの強みを発揮でき、弱みをカバーしながら協働できることは、最大のメリットである。

学年団に「働かない人」がいなくなるため、不公平感など教員間でのストレスはほぼなくなった。

普段から情報交換を盛んに行っているため、生徒たちのちょっとした変化や心配事に気づきやすくなり、生徒指導や対応もとにかく素早くなった。

固定担任制の場合だと「担任の先生を差し置いて指導はできない」という思いが頭をよぎり、即効性を失ってしまう場面も多いが、「チーム担任制」ではその時に動ける人が動いたり、生徒や保護者との関係性を考えて対応にあたったりできる。

その結果、初期対応をスムーズに進めやすく、問題の早期解決にもつながると感じた。

休み時間の様子にも顕著な変化が現れた。

担任がある週には、自分が担当するクラスに頻繁に入って生徒と雑談をする時間が多くなった。

また、担任するクラスがないサポート役の週には、廊下や土間などで学年全体を見守ったりするようになった。

「私たちみんなの学年」という意識が醸成されるので、余分な気を遣う必要がなくなったことが影響しているのだろう。

授業後の職員室では「今日のうれしかったこと」や「生徒の成長場面」などを共有できる時間が増え、あたたかな気持ちで仕事を終えられる日が増えた。

固定担任のときには、次のようなストレスを感じることが多かった。


「あのクラスは担任の指導が行き届いていないなぁ」

「あの子の担任が私だったらよかったのに」

「学年所属の先生が手伝ってくれない」

「あの先生がうちのクラスをダメにしてしまう」


担任制を変えたことで、こうしたストレスとは無縁になった。

私たちのモチベーションは上がり、仕事の効率もよくなった。

また、出張や欠員への対応も容易になったため、互いに気を遣い過ぎることなく補い合えるなど、一人のマンパワーに頼らなくても学年が回るので、持続可能な学年運営にもつながりやすい。

そして、私が学年主任として何よりもうれしく感じたのは、学年職員が誰も疲弊することがなく、元気に仕事に臨めていることである。大人が明るく元気ならば、子どもたちも明るく元気になっていく。大人たちが協働できる関係性ならば、子どもたちも協働できるようになっていく。

昔から変わることのない教育現場の原理・原則が、「チーム担任制」によって復活したことを実感した。

## フレキシブル活用の試行

十月に行われる学校行事「音楽会」に向けて、この準備期間（約三週間）は固定担任制（または二人担任制）に変更し、継続的に学級生徒を見ることにした。

行事後に生徒に感想を聞いてみたところ、

・練習から本番まで、決まった先生が見ていてくれたのでありがたかった
・生徒たちが中心となってよい合唱をつくるべきなので、担任の先生は特に関係ない
・合唱練習では教員の指導力に差が出るので公平性が保てない
・たった三週間、同じ先生がクラスに入ったところで、あまり意味がないと思った

など、様々な意見が出た。

力のある教員の学級経営は、四月の立ち上げから始まっている。見通

しをもち、日常の積み重ねを大切にして行うものである。

生徒の意見にもあるように、たった三週間でうまくいくものではない。私の所感としては、生徒主体の学校づくりを目指す目的において、スポット的な固定担任制は、特に必要のない工夫であったと感じた。

また、「学級対抗」で行われる学校行事のあり方にも一石を投じることになった。

みんなで一つの目標に向かう空気ができあがることで、大きな成長や感動が生まれ、集団の力は確実に高まる。

しかしその一方で、クラスに同調圧力が生まれやすくなったり、集団行動が苦手な生徒への過度なストレスにつながったりすることもある。本校でも、そうした行事が苦手で不登校になった生徒を何人も目にしてきた。

「一人の生徒も不幸にしない」という目的においては、学級対抗の行事が多すぎることはリスクを伴うこともあると考えるべきである。

また、当然ながら担任による力量差も生じやすく、学校行事の面では、「担任ガチャ」が生まれやすい側面があることも心に刻みたい。

## 生徒アンケート調査の結果と考察（十一月）

次の生徒アンケートでは「あなたは固定担任制推しかチーム担任制推しか、どちらの立場か」という質問を行った。

また、「自分の立場のメリットとデメリットを必ず両方とも書きなさい」という条件もつけた。

アンケートの結果、学年生徒の立場がちょうど五分五分になったところを興味深かった。次に「生徒アンケート結果」と十二月以降の「学年通信」を紹介する。

## チーム担任制について ～生徒アンケート結果より～

調査日：11 月 16 日　調査人数：97 名

### チーム担任制　推しの意見

〈メリット〉
- いろいろな先生と関わることができる
- 先生と話しやすくなったと感じた
- 生徒が先生に頼りすぎないようになる
- 苦手な先生がいても一週間交替だから我慢できる
- 先生による格差が少なくなる
- 生徒の様子を先生たちで共有してくれる
- クラスが大変な時に先生たちが協力できる
- マイナス面の少ないやり方である
- 教育相談などで自分や親が話したい先生と話すことができる
- いろいろな先生と授業以外で関われる機会が増える
- 学年の先生全員と話すことができる
- 帰りの時間が早いとか遅いとかがなくなる
- 「担任ガチャ」がなくなる

〈デメリット〉
- 特に思い当たらない
- 交替の期間が短い時がある
- 行事によって先生が異なるので、一人ひとりの先生と深く関わることがなくなる
- 先生がクラスの状況を把握しづらそう
- 生徒一人ひとりの性格や価値観などを、全員の先生が把握するのはむずかしい
- 学年の始めのころは、全員の先生に慣れるのに時間がかかる
- クラスの席替えや学級会などの進行具合について、週をまたいだ時に先生方が把握するのが大変そう
- 情報が共有されていないことがある
- 相談事を気軽に伝えられない
- 慣れるまでに時間がかかる。年の始めの楽しみが減る

### 固定担任制　推しの意見

〈メリット〉
- 先生との仲が深まりやすくなる
- 一年間自分のことを見てもらう先生だから信頼関係が築ける
- 自分のクラスのことについて誰に相談すればよいのか迷うことがなくなる
- 担任が決まっているためクラスが団結しやすくなる
- 先生が名前を覚えやすくなる
- 先生と一緒に世界で一つしかないクラスを作り上げられる
- よい先生だった時にうれしい
- 自分の先生のことを深く知れる
- 情報がきちんと届きやすい
- 提出物などを出す場合にわかりやすい
- 先生が変わらないから接しやすい
- コミュニケーションがとりやすい

〈デメリット〉
- 嫌な担任に当たった時が大変
- 苦手な先生だった場合はつらい
- 嫌な先生だったら一年間苦しい
- クラスが大変な時に、担任の先生が一人で抱え込みすぎてしまう
- ほかの先生との関わりが少なくなる
- いろいろな先生と関わりにくくなる
- 先生中心のクラスになってしまい、生徒の主体性が薄れる
- 先生に頼るようになるかもしれない
- 悪い方向へ行ってしまう可能性がある
- 教育相談や三者懇談などで話す先生が担任の先生に限定されてしまう。親も含めて「この先生と話したい」という先生と話せなくなる
- 一人の意見しか聞けない
- 担任以外とは授業でしか話せなくなる

### どちらとも言えない人の意見

- 一、二年生はチーム担任制がよいが、三年生は高校受験などもあるので固定担任制がよい
- チーム担任制は一日交替だと短いので、一週間交替にしてほしい
- 困ったときに誰に相談すればよいかはっきりしているのはよいが、逆に担任以外には相談しにくくなる
- いろいろな人と話せるのがいいか、一人のことを深く理解できるのがいいか、判断できない

### 生徒アンケート分布

チーム担任制と固定担任制を比較して、個人的な感想は？

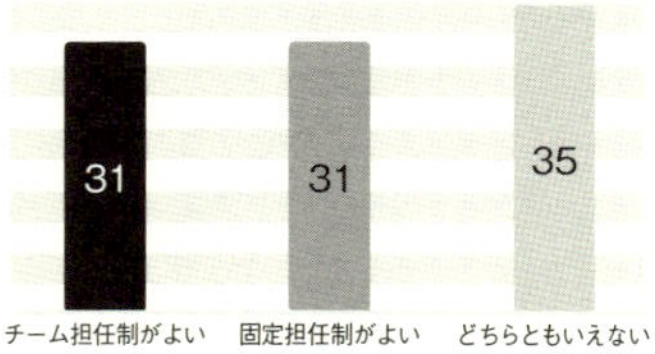


チーム担任制と固定担任制を比較して、学年生徒全員を考えた時の感想は？

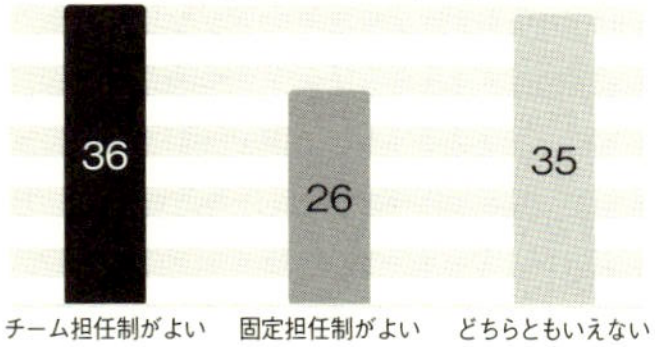


資料⑧　「十一月の生徒アンケート結果」

名古屋市立八幡中学校
2年生学年通信 12月号

# ハッピーRED

令和4年12月●日（●）

## 大人たちも学び合う

●日に、「マッチングプロジェクト公開授業」として、市内の教員を中心に様々な職種の大人たちが視察に訪れました（二年生ではB組で理科、C組で国語の授業を行いました）。

授業後に行われた研究協議会は「ワクワク感」あふれる空気に包まれ、盛んに意見交換がなされました。

〈参加者の感想より〉

○百聞は一見にしかずだと感じた。貴校の実践の様子を生で見に来て本当によかった

○国語の討論で、子どもたちが思ったことを気兼ねなく話せる雰囲気ができていることがすごいと思った。まさに全員参加の授業だった。日ごろから指導している内容を教えてほしい

○教師をやっていると自分の当たり前を押しつけてしまいがちだが、子どもたち目線を大事にしている様子がよく伝わってきた

○思考・判断・表現の力を高めていくためにはどうすればよいか、話し合う中で考えが深まった

○教師が「教える」ではなく、「生徒が自ら問いを立てて考える」授業が大切だと感じた

○新しい実践が多くて刺激的だった。自分の学校で取り入れたい部分と、やれるかどうか不安な部分も両面あるが、前向きなエネルギーをもらえた

「チーム担任制」についての質問も数多く飛び交い、「私の学校でも実践したい」という思いをもっている方が何人もいることを再確認できました。協議会では他校の先生方の意見から学ぶことも多くあり、我が校が実践している「思判表テスト」や「チーム担任制」などのあり方は、私たち自身が来年度に向けて検討していくべき課題でもあります。

今後も、学校努力点である「主体的に思考する集団」を最上位目標に見据え、生徒の気持ちに寄り添い、保護者の方々の気持ちを受け止めながら、教育の仕事に邁進します。そして、我が校のため、ひいては名古屋市の教育をよりよくするために、先頭を切って走りたいと思っています。

資料⑨　十二月以降の「学年通信」（P.78～81）

名古屋市立八幡中学校
2年生学年通信 2月号

# ハッピーRED

令和5年2月●日（●）

## 送る会に向けて

三年生を送る会の主役は、文字通り「三年生」です。私たち二年生の出し物の目的にも「三年生への感謝を伝えるため」とあります。

三年生への感謝の気持ちを、君たちは心に抱くことができていますか。このような質問をすると、「別にお世話になっていない」とか「感謝を伝える相手がいない」と感じる人もいるかもしれません。でも、それは個人的なとらえ方であって、ここでイメージしてほしいのは、「先輩たちのおかげで今の学校がある」ということです。課題こそあれ、私たちが学校生活を安心して送ることができているのは、過去の先輩たちのおかげです。例えば、

- **授業に集中して臨むことができる**
- **暴力や暴言などにさらされる不安が少ない**
- **生徒が思いを発信できる環境が整っている**

などが挙げられます。これらは決して当たり前のことではなく、多くの先輩たちがきちんと学校生活を送ってきてくれたおかげです。自由をはき違えることなく、周りの人を気遣い、優しさやあたたかさをもって生活してきた結果です。最近ではそこに「生徒の主体性」が追加されつつあります。

近年は、コロナ禍によって人と人との関わり合いが薄くなったことが影響していることは事実です。例えば、「送る会」も学年が入れ替え制で、リアルに先輩方の様子を見られなかった。卒業式に在校生が出席できない状況も続いています。それでも、君たちは入学してから二年間、先輩の姿に憧れ、身近なモデルとしてイメージしてきたことでしょう。

そんな三年生の先輩たちをはじめとする、「学校を守ってきた過去の先輩たち」への感謝の気持ちを伝える場が、「三年生を送る会」だと思います。

送る側として迎える最後の行事を、みんなで感動的なものに創り上げていきましょう。

名古屋市立八幡中学校
2年生学年通信 2月号②

# ハッピーRED

令和5年2月●日（●）

## 三学期の様子から

最近一か月の君たちの様子を見ていると「成長してきたなぁ」と感じる場面が多くあります。

- **他人に対して自分の心をひらける人が増えてきたこと**
- **対人関係での大きなトラブルがなく、互いの自由を尊重できるようになってきたこと**
- **「三年生を送る会」に向けた活動が、生徒たちで自主的に行えるようになってきたこと**

特に、どのクラスでも交友関係を広げようとしている人が増えてきたように感じています。心に壁をつくらず、朝の「ペアコミ※」を柱として築き上げてきた「あたたかなつながりの糸」を、これからも大切に紡いでいってほしいと思います。私たち職員同士も、互いに協働し、連携できている日々を実感しています。「子どもたちは大人の姿を映し出す鏡である」という意識で、今後も引き続き、子どもたちが温かな人間関係を築き、自立した学習者になれるように支援していきたいと思います。

※生徒同士の人間関係づくりを目的に、週に2回程度、朝の時間で実施。教室内でペアを組んだ生徒が質問者と回答者に分かれて1分間ずつ話をするもの。これを行うことで、教室が居心地のよい場所となり、生徒が生き生きと過ごせるようになる。

名古屋市立八幡中学校
2年生学年通信最終号

# ハッピーRED

令和5年3月●日（●）

## 「全員本気」のハッピーRED

この三月は、一年間の学びの成果や、集団の力を発揮できる場面が多い時期です。●日の「三年生を送る会」では、君たちが本気で取り組む姿が随所に見られました。■日の「前期生徒会役員選挙」では、定員六名に対して、十三名もの立候補者が出ました。二年生九名は、どの候補者も「こんな学校にしたい！」という思いを堂々と演説することができました。また、▲日の「ルールメイキングプロジェクト」では、たくさんの有志生徒たちが舞台発表を行いました。「さすが二年生！」と感じさせるプレゼンが多く、その熱意や創意工夫に心を打たれました。その後のグループ対話では、自分の意見を積極的に発信したり、相手の意見にあたたかく耳を傾けたりしている姿が印象的でした。まさに「全員本気」を達成できたと感じた場面です。

君たちが入学してからまもなく二年が経ちますが、君たちの主体性は想像以上の早さで伸びてきています。私たち教員も子どもたちに負けないように思考し、授業を中心に腕を磨き続け、「生徒が主役の学校づくり」を実現できるように支援していきます。一年間ありがとうございました。

〈ルールメイキングプロジェクト〉～参観者の感想～

○子どもたちがワクワクしながら参加していてとてもよかったです

○どのプレゼンもおもしろく、生徒が考えてプレゼンしているというのがよくわかり、伝わってきました。プレゼンを通して身についた「伝える力」が今後に役立つと思います。私たち親世代のころの中学校とはだいぶかけ離れて、勉強だけでは得られないことを経験していると思いました。どのプレゼンも実現に向けてむずかしい部分もあると思いますが、そこまでの過程が大切なんだと思いました

○子どもたちが自分の立場（賛成・反対）にかかわらず、どちらのメリット・デメリットも考えられている姿を見ました。「自分の意見を通したい」ではなく「よくしたい」という思いから意見を出し合っているところに感心しました

○グループ対話では、どのグループも多面的・多角的な視点から意見を述べることができており、「自分たちの学校を自分たちの力で変えていく」という意識が高いことが伺えました。この学校の今後の取り組みに注目していきたいと思います。ありがとうございました

〈ルールメイキングプロジェクト〉～生徒のふり返り～

Q あなたはこの学校をどんな学校にしたいと思いましたか？

○学校にいる全員が笑っていられるような学校

○「愛知県の中学校といえば？」と聞かれたら、「うちの中学校」とみんなが答えるくらい有名になって、様々な人がこの中学校に行きたいなと思うくらいの学校にしたい

○ファーストペンギンになれる学校

○自由でいろいろなことに挑戦する学校

○一人ひとりの意見を尊重する学校

○先生に頼らずに生徒が自分で企画、運営ができる学校

## 保護者アンケート調査の実施と保護者会までの葛藤

保護者の方々にもチーム担任制についてアンケートを実施した。左に示したのが、その結果とまとめである。

資料⑩「保護者アンケートの結果」

Q1 **チーム担任制は「誰もが『楽しい』と感じられる学校づくり」につながると思いますか？**

○とてもそう思う・どちらかといえばそう思う……53％
△判断できない……37％
●思わない……10％

Q2 **来年度の担任制についてお気持ちを教えてください**
（多数決で決めるつもりはありませんのでご留意ください）

チーム担任制がよいと思う……13％
固定担任制がよいと思う……27％
どちらでも構わない……60％

**Q3　そう考える理由を教えてください**

〈チーム担任制がよいと思う〉

・担任が複数なのは初めてのことで、最初はどうなの？　と不安もありましたが、大人と子どもでも人間同士ですから、合う合わないがあると思います。多感な時期の子たちなので、担任の先生と合わないって思うと学校生活も楽しくなくなってしまいます。合わない担任だと、子どもの態度を見てマイナスな判断をしてしまいがちですが、複数の先生に見てもらうことでその子のいいところをほかの先生から気づいてもらえると思うので、個人的にはとってもよいと思います

・今年度のやり方で、特に気になることがないので引き続きよろしくお願いします

〈固定担任制がよいと思う〉

・成果が明確に感じられないため、回答することがむずかしい。固定担任の場合は教員との相性が悪いと相談事があっても言えなさそう。その場合はチーム担任の方が柔軟な気がするが、中学生はナイーブな年齢ゆえ、秘密にしてほしいこともあると思う。複数の教員に情報共有されることをいやがる生徒もいるのではないだろうか。子どもにとって「話したい相手とそうでない相手」はいると思うので、固定担任を基本にして、教育相談の際には教員を選択できる形式がよいのではないか？　と思う。

・持続可能な学校づくりを目指すために、この取り組みを始めたのだと思いますが、従来のやり方（固定担任制）では、持続が不可能ということなのでしょうか？　また、質問項目の中に、チーム担任制は「誰もが『楽しい』と感じられる学校づくり」につながると思うか。とありますが、楽しい学校にするためのチーム担任制なのでしょうか？　学校が楽しいことはもちろん大事なことではありますが、「楽しい」だけでこの仕組みがよいと判断するのはむずかしいです。我が子を含め、何か問題が発生しても一年間継続的に見てくださる先生がいないので、子ども自身のことをきちんと理解してくださる先生がいないように感じます。中学生が自分の意思で家出するニュースも聞こえてくる中、多感なこの時期に、家庭内では見せない子どもの姿や様子を見守っていただきたい。そうしていただけると親としては安心して子どもを預けられます。今の仕組みだと、いくら先生方が情報交換を密にしたところで、それぞれの先生方で感じ方も違うでしょうし、「あの先生から聞いた話」になってしまい、何かあったときに結局、本当のことがわからないことになってしまうと思います。多数の先生で一人の子について情報共有して頂けることはありがたいですが、最終的には責任をもって固定の担任の先生が対応していただけるとありがたいです。特に三年生になれば受験もあり、心配事が増えます。このままチーム担任制を継続することは、大変不安です。

そもそもそんなによい仕組みならば、どうして三学年で同時に導入しなかったのか。少なくとも一年生は導入すればよかったのではないでしょうか。子どもたちは二年生だけ、実験台になっていると感じています。来年度は、この仕組みを継続しないことを心から願っています。

〈どちらでも構わない〉

・先生方の複数の目で生徒を見て、指導していただけるのはよいことだと思います。困った時に、誰にでも相談できるので生徒にとってはメリットが多いと思います。

・みんなが参加、楽しい学校という点で、チーム担任制はよいと思います。私はどちらでも構いません。

・チーム担任制により、子どもたちの主体性を伸ばしたいと説明を受けましたが、この年ごろの子どもたちが主体性の意味を理解できているかは疑問です。社会では規律も大事にしています。自由にしたいのであれば、規律を守れることが前提だと思います。子どもたちがそれを理解できるのであれば、チーム担任制は有効だと思いますが、今の段階では判断できません。
・よい面もあればそうでない面もあると思いますが、子どもたちの気持ちや感想が知りたいです。
・来年度は受験生なので、担任が固定されていないことを想像すると不安になることもあります。しかし、我が子に尋ねたところ、そもそも担任の先生にそこまで依存していないからどちらでもよいとのこと。親としては、先生たちが生徒のことをどこまで把握できているのかフィードバックしてもらいたいところです。
・チーム担任制により先生方の負担が多少なりとも減り、子どもたちそれぞれの個性を導き出してくださるあたたかな時間に変えていただけたら、と期待します。地域、学校、学年によって子どもたちの様子や成熟度は違うと思うので、当たり前ではありますが、目の前の子どもたちに見合った導きをお願いしたいです。
・先日、三者面談をさせていただき、きちんと向き合ってくれる先生が今、娘のそばにいてくれると実感できました。先生という職業も変わりつつあるのかなと、入学してから少しさびしく感じることもあり、背中を押してあげる方向を迷っていたのですが、学校の目指す方向で大丈夫だと確認できました。ありがとうございました。今後ともよろしくお願いいたします。

保護者の方々からの意見はとても貴重なものだと感じた。私にも小中学生になる子どもがいるため、親として多くの期待や不安を感じながら日々の生活を送っているからだ。アンケート結果を次のように分析、考察してみた。

**分析や考察**

・保護者からは成果（子どもの事実）が見えにくい
・保護者と子どもの考え方が真逆の場合もよくある

・教育相談や三者懇談会で面談担当者を三人まで指名してもらえるアンケートでは、二回目（十一月調査）で「誰でも構わない」と回答する生徒が六割以上にのぼった
・保護者アンケートの回答率が低い。「物言わぬ多数派」としてとらえることもできるが、当事者意識が低い可能性もある。賛成でも反対でも、意見を発信していただける保護者の存在はありがたい
・自身が学生時代に出会った先生や、きょうだいがお世話になった先生によい思い出がある保護者ほど、固定担任制を望む傾向が強い
・「うちの子は、小学校の時に担任と合わずに不登校になった」などと語る保護者は、チーム担任制を歓迎している
・保護者アンケートの質問項目を、そもそもどのように設定すればよいのか、むずかしさを感じた

この保護者アンケートを実施したあとの三か月間は、とても気持ちが

重かった。どのように説明すれば納得してもらえるのか、思考に思考を重ねる日々だった。

## 「学校依存型」の世の中を変えたい

私は固定担任制を否定する気はまったくない。

どちらも手段なので、生徒の実態や教員集団の実情に合わせて、教育効果がより高い方を選べばよい。そして、それを現場で柔軟に運用していける未来をつくりたいと考えている。

二月の学校評価全体会で「来年度はチーム担任制を全学年で一定期間以上は実施する」という方向性が決まった。

私の学年団が職員室で協働している様子や、生徒たちが生き生きと学校生活を送れていることが評価され、他学年にも広がる流れができたと実感できた。

実際、昨年度は反対していた教員も、私の学年のやり方に興味をもってくれるようになっていた。

三月に学年保護者会を行い、生徒・保護者アンケートの回答をもとに、チーム担任制の成果や課題、そして来年度の方向性を語った。

学年職員や生徒たちの回答からは肯定的な意見が多かったことから、「チーム担任制」を継続する予定であることを伝えた。

このプレゼン内容は、事前に学年職員で十分に検討し、管理職とも相談して準備した。

しかし、その準備期間である、十二月に保護者アンケートを実施してから、三月の保護者会プレゼンまでは、とても気持ちが重たかった。

なぜなら、チーム担任制に対する保護者からの否定的な意見について、私が個人的に共感できる部分も多かったからだ。

担任システムを変更した最大の理由が「学校職員の台所事情」であることは事実であり、生徒や保護者に責任があるわけではない。

そして、担任の教員を中心とした「絆やドラマ」に期待している保護者や生徒も当然いる。

私の葛藤はしばらくの間続いた。

アンケートの回答の中には、「この学年の生徒たちを実験台にしないでほしい」という旨の意見もあった。

なかなか辛辣な意見ではあるが、実はこれが、私の葛藤を消し去る一番の原動力となった。

教育現場が今まで、様々なことに積極的にチャレンジしてこなかったせいで、今の苦しい「台所事情」が生まれているのだと思う。

世の中は、何でも学校に任せて依存する流れになりつつある。近年ではそこに「公教育のサービス業化」が進んでいるように感じている。

その一方で、子どもたちに「主体的に行動せよ」と言っている大人たち（教員や保護者）が、果たしてそのように行動できているのだろうかという思いもある。

予測できない未来を生きていく子どもたちを、自分の過去の経験にとらわれて管理、指導している教員や保護者の方こそ、まさしく変わるべきではないのか。

私たち大人の方こそ主体的に行動し、新しいことに挑戦する姿を子どもたちに見せていくべきである。私はその先頭に立てる人間でありたい。

## 実践初年度の生徒と教員集団の様子〈まとめ〉

〈生徒の様子〉

導入当初は不安がる生徒が多かったが、やり方に慣れるとそうした生徒は減っていった。

そして、慣れてきたことによって、自分らしさを発揮できるようになっていった。

固定担任制と比較して、こうした変化が起こるまでに時間を要するが、教員一人の価値観にとらわれることがなくなるため、不幸になる生徒は一人も現れなくなった。

また、生徒が教員の適性や相性を考慮して、関わる相手を上手に選ぶようにもなっていった。生徒と教員が不必要に衝突する場面が極端に減った。

たとえ、生徒とぶつかって気まずい関係になったとしても、担任が一週間ごとに交代するため、次に会ったときには互いに気持ちの整理がついた状態になれるメリットもあった。

「自分たちのクラスは自分たちでつくる」という意識が高まり、思考も変わっていった。

生徒主体で動くことには失敗のリスクも伴うが、すべてが生きた学びとして生徒の成長の糧になると確信することができた。

〈教員集団の様子〉

休み時間に教室や廊下で生徒とふれ合っている場面が増えた。

また、学活や総合の時間にも、サポートの教員が頻繁に各教室を出入りするようになり、協働性も高まった。

生徒の個性に応じた支援、対応がしやすくなったこともあり、問題行動が発生したときの生徒指導が迅速にできるようになった。

ほかの教員の指導や声かけを見て学ぶことができるため、特に若手教員には大きなメリットをもたらし、校内ＯＪＴを盛んに回すことにつながった。

出張や欠員の補欠が簡単にできるようになるなど、現場でのストレスが激減したことで、学年職員みんなが明るく元気に過ごせるようになった。「先生たちが仲良しならば、子どもたちも仲良くなっていく」という、過去の時代から変わらない教育現場の「経験則」が実現しやすくなったと感じた。

ほかにも、運用していく中でたくさんの気づきを得ることができた。

学校生活アンケート（QU）の調査結果では、「要支援群」であったり、過去に不登校傾向が見られたりした生徒は、「チーム担任制推し」の傾向が強いことがわかった。

これは「一人の生徒も不幸にしない」という目的に合致している。

また、年度末の学級編成は、固定担任制のときと比べてかなり効率よく進んだ。

こうした結果に結びついた最大の理由は、みんなで生徒全員の様子をつかんでいるからである。

「このクラスは来年、女性の担任がよい」とか、「指導に困難を要する生徒がいるから、生活指導担当の先生が適任だ」などの配慮が必要なくなる。

どのクラスも担任することになるので、教員の当事者意識も強く、余計な駆け引き等もなくなった。

## 私たちに必要なのはマインドセットチェンジ

「若いのに担任がやれないなんて、未熟な先生だ」という見方は、ある意味では正しいかもしれない。

しかし、そのマインドも転換すべき時期にきているのではないか。教員不足の世の中。担任の負担感の増大。校内ＯＪＴの時間確保のむずかしさなど、現場が抱える問題を直視したときに「チーム担任制」は最適解であろう。

教員は、その経験年数や力量に応じて仕事の幅を広げていくことが求められるわけだが、実情はどうだろうか。

例えば、中堅以上で主な校務分掌もなく、「担任だけでも責任もってやれればＯＫ」と扱われている教員がいたとする。

「固定担任制ありき」の考え方だと、「新年度の学級担任の人材を埋める」ところに苦慮するケースが多いため、「担任を任せられる教員」であることがステータスになることは理解できる。

だが、同じような経験年数で、学年全体や学校全体に関わる仕事を任されている教員から見れば、「担任だけやっていればよい」という教員には不満を覚えることが多い。正直、不公平である。

他者への不平や不満を口にせず、使命感に燃えている教員ばかりならよいのだが、公務員の特性上、「働いても働かなくても給料はそれほど変わらない」というスタンスの教員が出てきてしまうことは避けたい。「そもそも、なぜ教員になろうと思ったのか」という、それぞれの思いを大切にしながら、経験年数や力量に応じて協働していける仕組みをつくりたい。チーム担任制がその一助になる。

そして本来、私たちがもっとも責任をもつべきは「教科指導」である。

しかし、「担任の献身的業務」や「部活動の献身的指導」の方が、直接的に生徒や保護者から好印象を得ることができるため、価値を勘違いする教員が現れやすい。

また、学級担任や部活動での関わりの中で、「○○先生はうちの子のことを本当に大事にしてくれた」という気持ちが生まれることは、ほかの教員に対する「△△先生はダメだった」という感想を生み出すことにもつながってしまう。

一人の教員がカリスマ性をもてばもつほど、学年や学校にでこぼこが生じ、やがて〝荒れ〟につながってしまうこともある。

もちろん、授業だけでは味わえない感動のドラマが、学校現場にはたくさんある。それを、個別最適化されていく学校の中で、「みんなで」味わえたら最高にうれしい。

この「みんなで」をつくっていくためにも、チーム担任制は最適解だと私は考える。

私たち大人たちが、いかにマインドセットチェンジをしていけるかが、最大の課題なのだと強く感じる。

## メディアに取り上げられ、注目を集め始める

そんな折、中日新聞社の記者が学年職員を取材し、記事にしてくださった。

担当した教育報道部の記者は、教育現場の現状打破に対する思いを共有できる人物だった。

記事では、担任制を変えた理由として「教員の負担を軽減するため」という点にスポットが当たっているが、メディアが取り上げ、発信してくれた影響はとても大きく、教員の置かれている苦しい現状を世に伝えるには十分過ぎる内容であった。

その後、ＣＢＣテレビからも取材を受け、「チーム担任制」の特集番組が報道された。

後日、動画サイトでも閲覧できるようになり、視聴者から数多くのコ

メントが寄せられた（次ページの資料⑫参照）。

17 教育☆ 2023年（令和5年）1月26日（木曜日） 中日新聞

学ぶ

チーム担任制 名古屋市八幡中の挑戦

# 教員と生徒 効果実感

「学校でゲーム大会をやりたい」「運動が苦手でも楽しめる体育祭を」「制服を自分たちで選びたい」。そんな生徒たちの提案を受け止め、次々と改革を行っている名古屋市八幡中学校（中川区）。2022年度の大きな挑戦が、2学年で導入した「チーム担任制」だ。負担が偏りがちだった教員の働き方を見直すと同時に、生徒には自立や自治を促す。果たしてその効果は—。（宮崎厚志）

「あんた、このままじゃ駄目になるよ！」。休み始めて三日目、母親の叱咤を浴び、意を決して布団からはいだした。「これ以上休んだら、教員を続けられなくなる」

高橋花澄教諭は二一年度、新任で八幡中に赴任。急な欠員が出たことで、一年生の担任を受け持つことになった。自分を頼ってくれる生徒からの相談対応は、何より大切にしたい。一方、通常業務の負担と不安が積み重なり、半年後の秋には出勤が苦しくなった。

## 3学級 5人で担当

こうした状況を根本から変えたのが、チーム担任制だった。年齢も性別も入り交じった五人の教員で二年生三クラスを担当し、主に週替わりで担任をローテーションする。

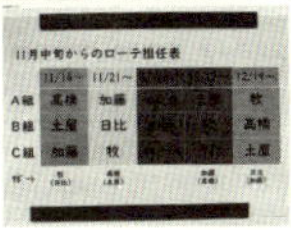


㊤個人面談後すぐに情報共有する2年生担当の教員たち ㊦職員室に張られている担任ローテーションの表＝いずれも名古屋市中川区の八幡中学校で

# 働き方改善／育つ主体性

問題を共有し、サポートし合えるため、精神的な負担は大きく減った。プリントの挟み込みなどの作業も手の空いている人がカバーする。主担任ではない週は先輩の指導を観察して学ぶこともでき、気付けば笑顔を取り戻していた。

チーム担任制は、二一年度に職員同士も生徒たちも議論し、採用を決めた。目的は三つ。働き方改革。生徒と教員の相性による不公平感をなくすこと。そして生徒を担任から自立させ、主体性を促すことだ。

ただ、十二年目の加藤竜太教諭は「正直寂しさはあった」と明かす。前任校では生徒や保護者に頼られることにやりがいを感じていた。一方、クラス替えの際、「担任ガチャ外れた」という声や態度を何度も見聞きしていた。

「生徒を誰一人取り残さないためには、不幸な『外れ』を極力減らした方がいいのでは」。そう切り替えた。

交代間隔や個人面談の相手などは、生徒の意見を尊重する。面談相手の指名は教員の人気投票になるという懸念もあった。実際、一学期は面談希望が一部の教員に偏ったが、二学期には「誰でもいい」という選択肢を選ぶ生徒が半数近くに増加。その一人、石橋侑奈さんは「どの先生も信頼できるから」と理由を明かす。母親の恭子さんも「当初はPTAで不安の声も聞いたが、実際は困ったことはない」とうなずく。

## 金八先生は美徳？

生徒の主体性にも変化が表れた。「自分たちで学校を楽しくしたい気持ちが湧いた」と昨秋、学級代表として「生徒議会」に出席する「議員」に初めて立候補し、当選する二年生も。eスポーツなど生徒発案のサークル活動も出てきた。

適度な距離感と選択肢。それこそが、生徒と教員双方にメリットのある関係だと、学年主任の土屋和樹教諭は実感する。「未来を考えれば、新しいシステムが必要。一人の担任が学級を引っ張る『金八先生』を美徳とするマインドを変えなきゃいけない」

中学校での固定担任制の廃止、チーム担任制の導入は、東京都千代田区の麹町中学校が2018年度に行ったことで知られる。その後、大阪府池田市の北豊島中などが麹町中を参考に導入し始め、名古屋市では平針中学校（天白区）も段階的に導入している。自治体単位では茨城県取手市が全中学校全学年で導入済みだ。

## 小中など全16校 20年度から導入

富山県南砺市

また富山県南砺市は20年度から全15小中学校と義務教育学校1校で一気に導入。特に小学校では教科担任制とリンクするなど先進的で、市教委担当者は「低学年では担任との相性による学校嫌いを防ぐ効果があり、高学年では教員が得意教科を複数学級で担当することで、質の高い授業ができる」と説明した。

資料⑪　「中日新聞の記事」（令和５年１月26日朝刊）

・これはいい。先生と生徒も相性があるし、双方にとっていい制度だと思う。生徒もある程度自立できる気がする。
・副担任とかはそんなに必要ないから全部の学校でこれをやってほしい。
・教師がやるべき業務の見直しと人員確保をしないと、結局その場しのぎで終わる感じがする。
・いろいろな大人とふれ合えることが一番のメリット。
・素晴らしいアイデアですね。この学校はサービス残業の古い体質から脱却して、教職員の負担を減らした結果、ゆとりができて生徒との関わりも増えたと思います。
・担任制は廃止した方がよいと、ずっと前から思っていたけれど、まさか近隣の名古屋市ですでにやっていたとは。
・関係が薄くなると思う人もいるけど、生徒と先生の関係はこれから変化していくべきだと思う。今までみたいな関係性はよいこともあったと思うけど、現代の仕事観に合わせた変化が必要。
・みんなが担任みたいになれればよいけど、みんなが副担任みたいになったらなんか違うよね。
・この試みは否定しないが、個人的にはこのやり方はやりにくいな。
・ずっと前からやっていたら退職した先生方を残せただろうし、教員不足という問題がここまで深刻化しなかったと思う。
・チームの五人の先生の仲がよく、みんな仕事に熱心な感じだけど、五人の仲が悪かったり、仕事への熱量が違ったりしたらいろいろ大変そう。
・相談しやすい先生の負担が増えそう。また、何か問題が発生した際にたらい回しにならないか心配。
・教師と生徒がウィンウィンな素晴らしい取り組みだと思います！
・五人ローテーションは絶対にむずかしい運営になるだろうけど、これを軌道に乗せられたら、とてもいいやり方になるはず。生徒にとっても、先生がくたびれているのを感じながら毎日接するより、遥かにいいでしょう。
・これいいですね。閉鎖的になりそうな学級もオープンになるし、教師の負担も軽くなる！
・日本の教育現場の教員の雑務が多すぎる気がします。行事の見直しなどもしっかり検討し、外部へ委託したり簡素化したり、教員が本来の仕事に集中して、子どもも先生も充実した生活になりますように。

資料⑫　「ＣＢＣテレビの放送に対するネットのコメント」

# 第四章

# 「チーム担任制」二年目からの変容

## 三年生でも「チーム担任制」を継続実施

中学三年生は卒業後の進路選択に向けて重要な時期である。

そのため、当初はチーム担任制ではなく、固定担任制に戻して学年運営を行う考えが強かった。

生徒や保護者が安心して進路選択ができるようにするには、どちらのサポート体制がよいのだろうか。学年職員と十分に議論した。

私たちが出した結論は、「チーム担任制の継続実施」である。

決定の主な理由としては、

①教員一人あたりの担当生徒数を少なくすることができるため、手厚い進路指導ができること

②生徒や保護者が進路面談担当者を選択できること

③進路指導経験のない若手教員をサポートしやすいこと

である。学年職員がチーム担任制のやり方そのものを、肯定的にとらえていたことも大きな理由である。

進路主任が担当する生徒は数名にとどめ、事務作業や若手のサポートに専念できるようにした。

全員が当事者なので、適材適所で仕事を分担することができ、情報共有も密になり、風通しのよい職員集団になることができた。

次ページの生徒へのアンケートからもわかるように、導入から半年が経った十月になると、やり方に慣れたことが影響してか、固定担任制のデメリットを口にする生徒が増え始めた。

「もし今年、固定担任だったらと思うとゾッとする」

「○○先生が担任になっていたら正直困る」

などの声が漏れ聞こえてきた。

チーム担任制と固定担任制のシステムについて
（自分の立場をA・B・Cから一つ選択しよう）

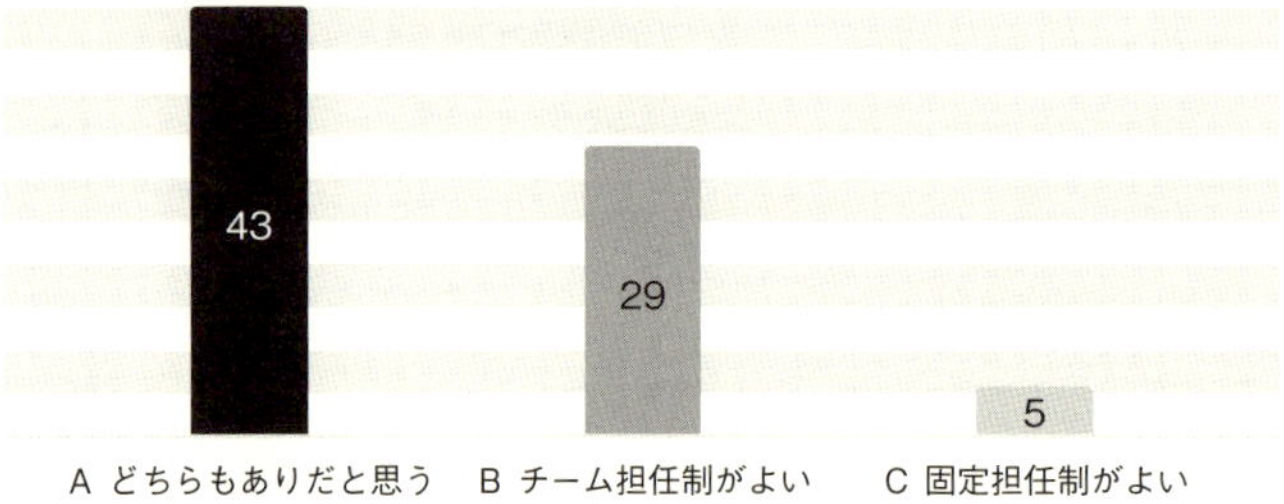


| 立場 | 意見など |
| --- | --- |
| どちらもありだと思う | ・好きな先生が担任だったら固定担任制の方がいいと思うけど、苦手な人が担任だったらチーム担任制の方がいいと思う<br>・チーム担任制と固定担任制に、個人的にあまり違いを感じなかったから<br>・生徒や保護者、先生方の意見を尊重すればどちらでもいいと思う<br>・この仕組みに慣れてきて、どの先生とも話すことができてよかったと思う。また、先生任せにせず生徒が主体的に行動できるようになったと思うのでよかったと思う。進路担当は、固定担任だと始めから決まっているが、チーム担任制だと自分の話したい先生を選ぶことができる。一方で、体育祭などの行事で、担任の先生とクラス全員が一丸となることに、少し憧れもある<br>・みんなにきちんと目を向け、みんなが「学校、楽しい」と思えるなら固定でもよいと思う。でも、一人ではみんなを見ることができないならばチーム担任がよいと思う |
| チーム担任制が良い | ・今では「チーム担任制でよかった」と思えるから。はじめは何がしたいのかよくわからなくて不安な気持ちもあったが、多くの先生と話す機会があったり、懇談会などで先生を選べたり、いいことも多いと思うから<br>・チーム担任制は始まったばかりで、より洗練されていくと思うから続けてほしい<br>・私はフレンドリーな性格ではないので、この制度を通して成長できたと感じるから<br>・いろいろな先生と関わる機会が増えるし、気分的にもリフレッシュできる<br>・みんなが平等になるから<br>・もともと、担任と関わるのは朝と帰りと学活の時間くらいなので、せっかくならいろんな先生と関われるようにした方がいいと思うから |
| 固定担任制が良い | ・先生の仕事量が増えてしまうのは大変申し訳ないが、固定担任制の方が体育祭でクラスの個性が出て、先生との絆も深まると考えるから |

資料⑬　「二年目十月の生徒アンケート結果」

生徒にも当然、相性というものがある。固定担任制と比較すると、チーム担任制の方が教員に対する不満の声が少なくなったという肌感覚もあった。

109ページの資料は、チーム担任制を始めて約二年後、卒業間際の一月に行った生徒へのアンケート結果である。「先生たちは、生徒の相談に対して誠実に応えてくれますか」「先生たちは、いろいろな案内やお知らせをしっかりと伝えてくれますか」という質問項目に対して、圧倒的多数の生徒たちがポジティブな回答をしてくれた。この結果は、チーム担任制が生徒のために有効で、教育効果が高かったことを証明していると思う。

私たちの仕事の根幹にあるのはシステムではない。それは「人間性」である。私たちの「チーム担任制」がうまくいった理由は、学年職員それぞれが当事者意識をもち、生徒や保護者と関わり続けてきたからである。逆に、「無責任」な教員が増えた途端に、このシステムは崩壊するものだと考えている。教員の「働き方改革」の取り組みには賛同するが、「働かない改革」をするつもりはない。教育への使命感や思いを失う者に、この仕事を続ける資格はないと思っている。

先生たちは、生徒の相談に対して誠実に応えてくれますか？

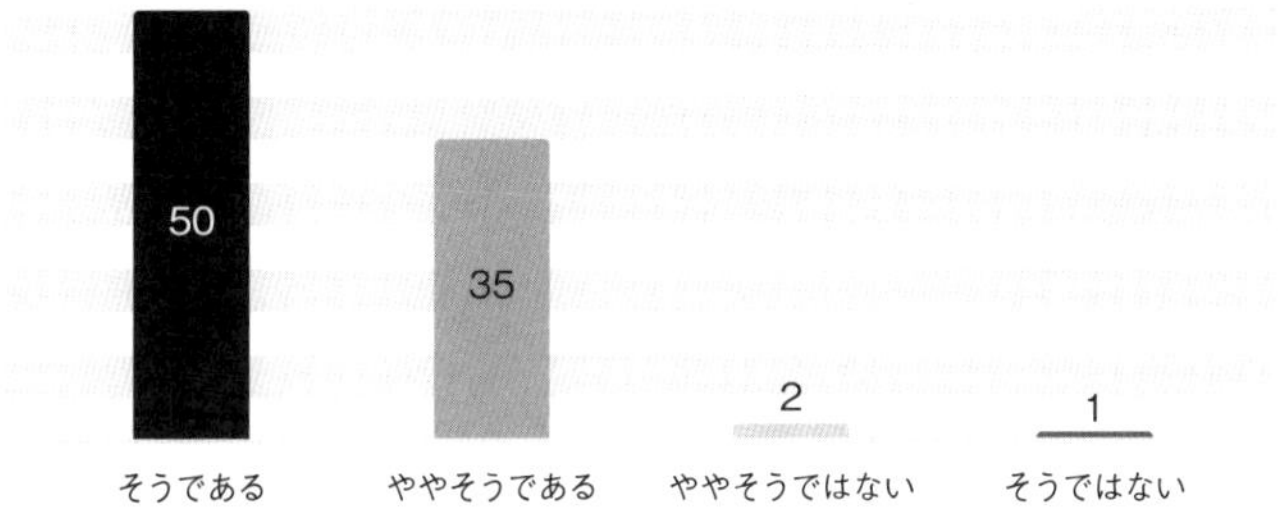


先生たちは、いろいろな案内やお知らせをしっかりと伝えてくれますか？

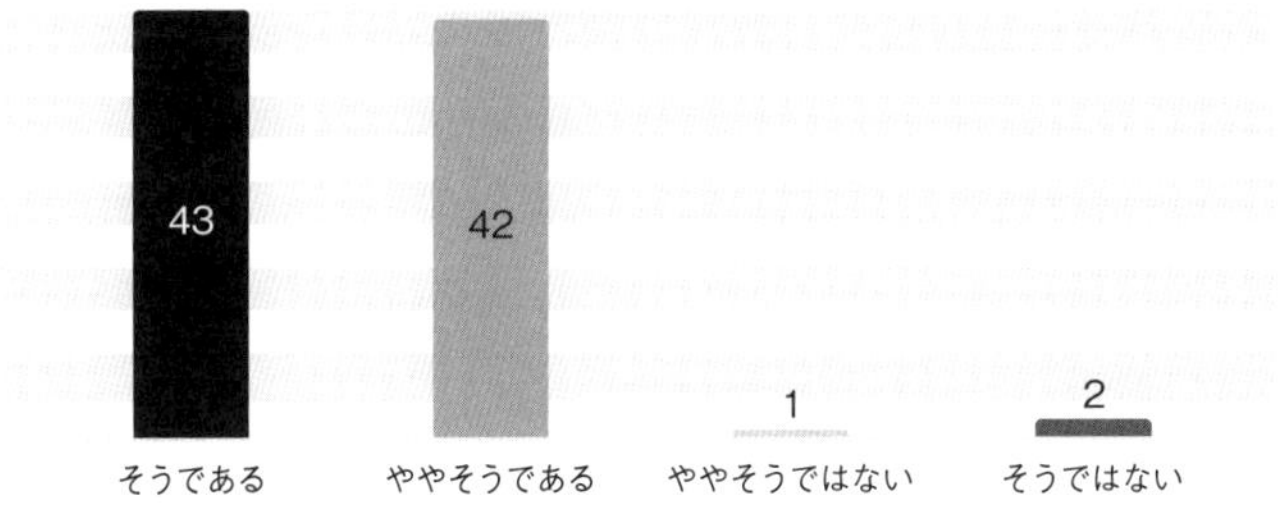


資料⑭ 「一月の学校生活アンケート結果」

名古屋市立八幡中学校
3年生学年通信 4月号

# ハッピーRED

令和5年4月●日（●）

## 令和六年三月六日

　義務教育最後の一年がいよいよ始まります。一年後の君たちは、それぞれが自分の道を歩き始めることになります。三月に行った「第一回進路希望調査」を見ると、卒業後は進学する意志のある人がとても多いことがわかります。具体的な高校名を挙げるなど、すでに目標を掲げて努力している人たちもいれば、「とりあえず高校には行きたい」というような、漠然としたイメージをもっているだけの人もいます。人生の歩み方や歩むスピードは人それぞれで構いません。就職も進学も人生の目的ではなく、どれも人生を豊かにするための手段です。そして、君たちの人生に責任をもつことができるのは、あなた自身です。保護者や教員はそれを支援することしかできません。義務教育修了とは、自分の人生に責任をもつことの始まりを告げる合図なのです。

　令和六年三月六日、卒業式当日を「みんな、たくましく成長したなぁ」という思いで迎えたい。そして、君たちとの別れを「本気で」寂しく感じるようになりたい。

　残り一年間も、どうぞよろしくお願いします。

第三学年主任　土屋裕樹

資料⑮　「チーム担任制二年目の学年通信」（P.110～117）

名古屋市立八幡中学校
3年生学年通信 5月号

# ハッピーRED

令和5年5月●日（●）

## ハッピーREDがすごいことになっている件

### 学習意欲が高まっている件

授業に臨む眼差し、朝の隙間時間の活用など、学習への意識が高まっています。喜ばしい気持ちとともに、授業者・評価者としての責任を強く感じています。

### 精神的な成長が見られる件

人の気持ちを察することができるようになってきました。相手に対して心を開ける人が増え、交友関係を広げている人が多くいます。また、一人でも行動できる人がいることを頼もしく感じています。

### 委員への立候補者が急増している件

三月の生徒会役員選挙から引き続き、「私たちの学校を創りたい」という前向きなエネルギーであふれています。議員が複数人立候補したクラスも多く、演説内容も甲乙つけがたいものばかり。投票者の視点も育ってきたのを感じます。

### 修学旅行へのモチベーションがすさまじい件

先日のオリエンテーションを皮切りに、修学旅行に向けた学習活動が始まりました。君たちのワクワク感に満ちたエネルギーに圧倒されています。みんなで、主体的に思考し表現し、それぞれの安心や安全が守られるように準備をしていきましょう。

名古屋市立八幡中学校
3年生学年通信 6月号

# ハッピーRED

令和5年6月●日(●)

## 全校集会の話(高橋校長)を聞いて思うこと

「お前のせいで行事がつまらなかっただろぉ!」

「あなたのおかげで行事が楽しくなったよ。ありがとう!」

私たちは間違いなく後者を目指す。修学旅行がそうなるようにしたい。でも、心配はつきない。学年生徒の少数にしか該当しないことではあるが、ネガティブな面を挙げる。

ルールを身勝手に解釈したり、平気で破ったりしている人がいる。　この人たちに声をかける時、反論されることがよくある。「ほかにもやっている人がいます」「みんなやってます」などという言葉で。そしてその先に待っているのは、不毛な言い合いやストレス感であり、多くの場合、本人たちが我が身をふり返り、行動を変容させることにはつながらない。

君たちはまだ「子ども」だから、今はまだ気付けないこともたくさんある。だから、失敗や反抗も含めて、私たちはできる限りのことを受け入れる覚悟でいる。それが公教育に携わる者たちの使命だと思うからだ。しかし、である。

ルールを身勝手に解釈したり、平気で破ったりしている人がいる。　あなたがもし、そうだとしたら、そのままでよいのですか。誰かの、何かのせいにして、自分と向き合うことから逃げるのですか。本当は見えるはずの「身勝手さ」に、あたかも気付いていないようなフリをして。

身勝手な行動をする人たちを支えているのは、たくさんの「まじめさ」「正しさ」「思いやり」「自己犠牲」の精神です。このハッピーREDには温かな心をもつ人がたくさんいます。いつも本当にありがとう。あなたたちが温かく受け入れてくれているおかげで、今はまだ甘えた行動をとることが多い人にも、成長するチャンスを与えることができています。

さて、校長先生はこのようなことも話されていました。

学校は、身勝手な行動をする人が増えていくと、全員の自由が制限され、様々なことが禁止されるようになる場所だ。学校とはそういうものだ。

素直で前向きな人たちが得るはずであった「自由で価値ある学びの場」が、一部の身勝手な人たちのために失われる構図は、何だか寂しいものですね。このような形では誰も幸せにならないように思います。

もう一度、くり返します。

「お前のせいで行事がつまらなかっただろぉ!」

「あなたのおかげで行事が楽しくなったよ。ありがとう!」

私たちは間違いなく後者を目指す。修学旅行がそうなるようにしたい。

名古屋市立八幡中学校
3年生学年通信 6月号②

# ハッピーRED

令和5年6月●日(●)

## みんなのおかげで楽しい修学旅行になりました

**〈一日目〉ＵＳＪ**

朝早くから明るく元気に集合し、予定通りに出発することができました。ＵＳＪに着くとワクワク感が抑えきれず、チケットを受け取った班から、風のようにパーク内へと消えていきました。天気にも恵まれ、存分に楽しんでいましたね。大人気の「スーパー・ニンテンドー・ワールド」には入場することはできませんでした。海外から来ている人がとても多かったのが印象的で、日本が世界に誇れる「クールジャパン」の観光資源だということがわかりましたね。

夕方からは「ユニバーサル・パーティ　～ザ・サウンド～」で特別な時間を過ごしました。ハッピーＲＥＤだけのために歌とダンスのショータイム。君たちが見せた過去イチの盛り上がり。興奮度ＭＡＸの時間でした。

**〈二日目〉大阪・神戸分散学習**

起床、身支度、集合時間など、朝から自分たちで行動することができていました。見通しをもって行動できるって素晴らしい。朝食後、分散学習開始。班のメンバーが自分と同じ趣味・趣向の仲間とは限らないため、すべてが自分の思い通りに進むわけではなかったと思いますが、「グループ調整力を高めよう」という目標に、少しでも近づいてくれていればうれしいです。事後学習で「修学旅行のまとめ」を作る際にも、適材適所で協働できるとよいですね。

「神戸ポートタワーに十六時集合完了」も、九割の人たちが成功しました。遅れた人たちがいた班のすべてが事前に連絡してくれたので、大きな心配事には至りませんでした。何よりも、予定通りに集合した人たちの待つ姿勢が素晴らしかった。その心の広さに感謝します。夜は「プチ宴会」。クイズや「未成年の主張」などを行い、たくさんの人が活躍してくれました。部屋での過ごし方も合格点だったと思います。

**〈三日目〉自然体験学習**

宿泊先のホテルの広大な施設内で、様々なアクティビティを行いました。三日目ということもあり、朝から疲れた様子の人が多かったけれど、アクティビティが始まると子どもらしさ全開。スリルある内容に、歓声や悲鳴が飛び交う半日になりました。芝生で滑って泥だらけになっている人もたくさんいましたね。

ここには書き切れないほどの思い出が、君たちの心の中に刻まれたことと思います。旅行中には体調不良を含む、いくつかのハプニングもありましたが、私たち教員集団も連携して動くことができました。そこで、ともに仕事をする仲間との信頼感が高まるのを感じ、本当にうれしく思いました。そして、大人たちの協働性が高まると、子どもたちへのプラスの影響も増えていくことを実感できました。素敵な学年集団、職員集団に囲まれて、私たちは本当に幸せです。

名古屋市立八幡中学校
3年生学年通信 9月号

# ハッピーRED

令和5年9月●日(●)

## ルールはつくれる

「自分たちの学校は自分たちでつくる」という当たり前のことが、なかなか実践できない学校が数多く存在しています。「誰かがやってくれるだろう」「自分で考えずに人に決めてもらった方が楽だ」という意識は、世の中に対する無関心にもつながります。そして、このことは私たち大人の責任でもあると感じています。

我が校では、昨年度の三月に行った「ルールメイキングプロジェクト」に代表されるように、すでに「自分たちで学校をつくる」という意識が醸成されつつあります。今回、全国サミットに出場したのは三人だけでしたが、それ以外にも多くの生徒たちが校内・校外に向けて自分たちの主体的な取り組みを発信しています。「誰もが楽しい」と感じられる学校を目指して、他人任せにするのではなく、自分たちから行動を起こしている君たちは本当に素晴らしいと思います。こうした動きを、今後を背負う後輩たちにも引き継いでいきたいですね。

名古屋市立八幡中学校
3年生学年通信 11月号

# ハッピーRED

令和5年11月●日(●)

## 何気ない日々をかみしめて

十月も終わり、中学校生活もカウントダウンの足音が徐々に近づいてきたのを感じています。卒業式までの登校日は残りあと七十五日。三学期には入試日や自主登校日なども数日あるため、実際にはもっと少なく感じることでしょう。過去二年間は「学年生徒全員出席」の日がとても多かったこのハッピーＲＥＤも、近ごろは全員が教室に揃う日を見ることがなくなりました。でも、それぞれが自分なりに頑張っていることは確かです。今、元気に登校してくれている人たちも含めて、君たちはそれぞれ、様々な事情を抱えながら暮らしていると思います。これから、受験のストレスや将来への不安なども大きくなる時期がやってきますが、ハッピーＲＥＤがお互いに、少しでも幸せな未来に近づいていけるように、心を満たし合っていきましょう。

さて、月曜日の面接学習「私ってどんな人？」では、自分の長所を考える活動を行いました。後半はクラスの枠を取り払い、互いに長所を伝え合いました。穏やかな表情で、少し照れながらもメッセージを送り合う姿を見ながら、「卒業アルバムのメッセージ書き」の日を想像しました。この何気ない日々こそが宝物なんだよなぁ。

名古屋市立八幡中学校
3年生学年通信 12月号 **ハッピーRED**

令和5年12月●日（●）

## あなたにとっての「学び」とは何ですか？

今、多くの人たちに共通しているものといえば、志望校に合格するための受験勉強だと思います。ひと月前の定期テストでも「鬼気（危機？）迫る」表情で学習に取り組んでいる人たちばかりでした。また、近ごろは朝の時間や休み時間を使って自習に取り組んでいる人が増えています。そんな中、私たちは気になる言動も目の当たりにしています。

「三学期の成績は受験に関係ないから（どうでもいい）」という発言をする生徒や、授業の班活動中に、勝手に学習塾のテキストを進めている生徒の姿です。

彼らは「学びの本質」を見失っていると思いますが、あなたはどう考えますか。またこれは、保護者や学習塾の指導者たちにも考えてほしい課題でもありますが、世の中の価値観が彼らをそうさせてしまったのでしょうか。

ハッピーＲＥＤのみなさん、あなたにとっての「学び」とは何ですか？

私たちハッピーＲＥＤは、一年生の五月から「自習できるようになろう」をテーマに学び方について考えてきました。二年生では「ＹＳＴ（自由進度学習）」の時間を設定して、自ら価値付けした学びに向かってきました。今は目先の受験勉強こそが大切な時期だと思いますが、「学び」は一生続きます。「内発的動機づけ」や「自己決定」ができるとよいですね。

この学年の中には、すでに進路が決まっている人もいます。また、二学期の内申点が事実上確定したことで、「やる気の糸」がほつれてしまった人も見かけます。一方で、「勉強すればするほど、さらに勉強したくなる」という好循環の境地に入ってきた人も見かけます。それぞれ置かれている状況は違うけれど、互いを尊重し合って学校生活を送っていきましょう。

名古屋市立八幡中学校
3年生学年通信 最終号

# ハッピーRED

令和6年3月●日（●）

## 願う

君たちが健康に生活してくれることを願う。知識や見聞を広げてくれることを願う。
仲間の輪が広がることを願う。自分の道を歩んでくれることを願う。
数年後に、互いに笑顔で再会できる未来が訪れることを願う。
我が校を今後も応援してくれることを願う。
私たちも未来を描き、今できることに力を尽くす。

令和三年度～令和五年度　ハッピーＲＥＤ職員一同

## 他学年の実践経過

実践二年目は、全学年とも一定期間は「チーム担任制」を導入することが、学校全体での取り決めになった。

二年生の学年団には、前年度、「固定担任こそがやりがいだ」と考える教員がいたのだが、チーム担任として各クラスを回っていくうちに、学年生徒全体のことを見られるように変化してきた。

中堅やベテラン教員は、学校や学年全体のための業務を担うことも増えてくる。

その中で「自分のクラスだけ頑張ればよい」という感覚の教員が増えてしまうと、業務の平準化からはほど遠い状況が生まれ、一部の教員の負担が増えることにつながってしまう。

また、持続可能な学校づくりを考えたときにも、チーム担任制は最適である。

そして、全学年で実施するようになったことで、保護者や生徒の納得感が増していった。

「どうして自分の学年だけ？」という疑問をもたれなくなったことは、教員サイドのストレスを大きく軽減した。

また、私が一年間の実践の気づきや留意点を可視化し、そのノウハウを学校全体で共有してきたことも、他学年での円滑な運用にもつながったと考える。

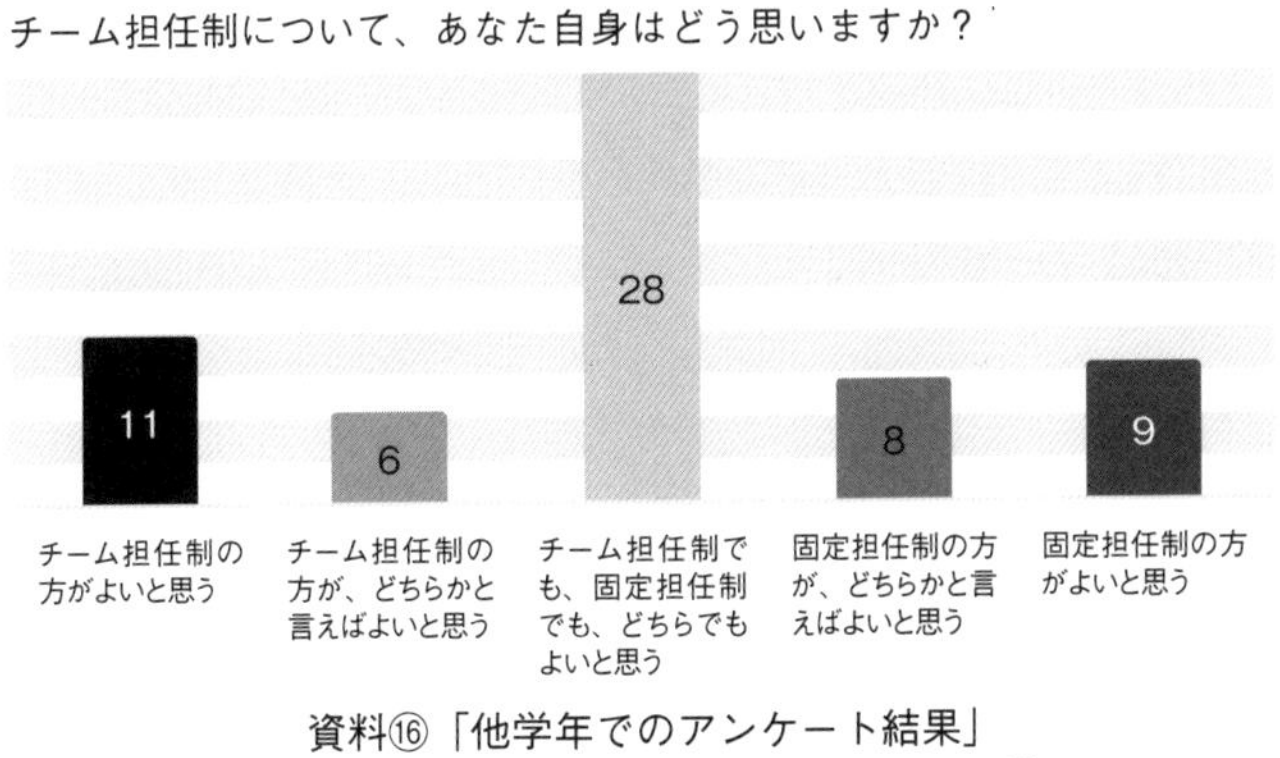


資料⑯「他学年でのアンケート結果」
【二年生の生徒アンケートより（令和五年度、二月）】

二年生の学年団では、最初の一か月は固定担任制を運用し、途中から
チーム担任制に変えている。

生徒たちは一年生の頃に「固定」、二年生の途中からは「チーム」の
両方を経験しているため、アンケートに寄せられたコメントも具体的で
あった。一部を紹介する。

〈どちらでもよいと思う〉

・チーム担任制でも固定担任制でも、特に困ったことはないから

・いろいろな先生のやり方などがあって、チーム担任制はすごくおもしろいのでいいと思います。しかし、一方でいろいろなやり方を知ってしまっているので「〇〇先生はこうだった！」と自分たちにとって都合のよいやり方を、ほかの先生方に押しつけていることがある。そのため、固定担任制でやり方が定まっている方がいいのかなとも思います

・いろいろな担任と思い出を作るのもいいし、一人の担任と思い出を作るのもいいと思うから
・チーム担任制にはいろいろな先生と触れ合えるメリットがあり、固定担任制には誰が担任なのかがわかりやすいというメリットがあるが、正直どちらでもよいと思うから

〈チーム担任制がよいと思う〉
・面談の時に相談しやすい先生を選べるから
・いろいろな先生にクラスの状況を知ってもらえるから
・人によっては苦手な先生もいると思うので、一年間、苦手な先生にあたることがなくなるから
・好きな先生にあたるとうれしいし、いろいろな人と関われるから

〈固定担任制がよいと思う〉

・今までが固定担任制だったから

・担任同士で意見の食い違いがあるから

・一つのクラスで一人の担任の方が、絆とか思い出とかが作れると思ったから

・一人の先生と関わる時間が少なくなったから

私は翌年も三年生を担当することになり、生徒指導主事として学校全体を動かす立場になった。四月の委嘱が終わった直後、私は新たな学年主任と二人で、学年運営に関する簡単な打ち合わせをする場を設けることになった。

学年主任の意向としては、今年度もチーム担任制を活用する方向ではあるが、修学旅行と体育祭が終わるまでの約二か月間は、固定担任制で始めようと考えていることがわかった。

# 第四章 「チーム担任制」二年目からの変容

私も固定担任として一つのクラスを担当することになりそうだ。

正式には、翌日の学年会の場で検討したあと、決定することになった。

私は新しく学年に加わる立場だったので、主任の意向を尊重したい旨を伝えて、この日の仕事を終えた。

帰宅してからの私は自分でも驚くほどの高揚感に包まれていた。

その正体は、「久しぶりに一人で担任をすることができる！」というワクワク感であった。

あんなにチーム担任制の導入のために尽力してきたのに、心の奥底では固定担任制を強く望んでいる自分がいる。

しかし、そんな自分に戸惑うこともなく、過去に何度も読んだ学級経営に関する書籍を本棚から取り出し、読み始めていた。

ちなみに、その本は長谷川博之氏の著書『中学の学級開き　黄金のスタートを切る3日間の準備ネタ』（学芸みらい社）である。

読み進める中で、学級担任として実践したいことが次から次へと頭に浮かんだ。

そうするうちに、どうせ担任を引き受けるのならば、二か月といわず一年間、最後まで担当させてほしいとさえ思った。

私の自己満足では決して終わらず、学年のため、若手の参考になるため、そして学校全体のために貢献する、成長のドラマであふれる最高のクラスをつくってみせる。

そんなことを考えていたら、その夜、私はまったく眠ることができなかった。

しかし、翌日の学年会、学年団で議論した結果、年度初めから一週間交替のチーム担任制で学年運営をすることが決まり、私は現実に引き戻された。

なお、この結論に導いた説得力ある意見としては、
・はじめに一定期間、固定でクラスを担当してしまうと、最後までその

クラスと関わる時間が、教員にとっても一番良好なものになってしまう。それだと、チーム担任制の目的からは外れる

・教員それぞれのもつよさを、早い段階から全クラスに伝えたい

というものがあった。

どれも納得できる意見ばかりで、昨晩の高揚感はすっかり収まり、「今年もチーム担任制で、自分のよさを発揮するぞ！」と気持ちを切り替えることができた。

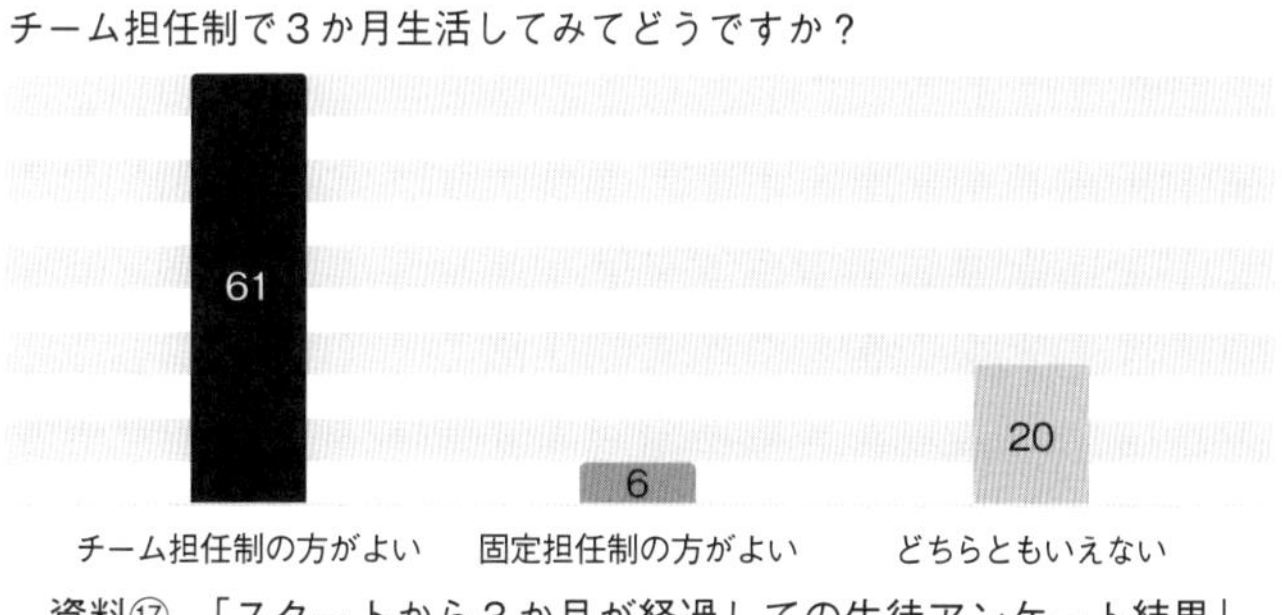


資料⑰　「スタートから３か月が経過しての生徒アンケート結果」

この一年生は入学当初から、一週間ローテーションのチーム担任制を運用している。三か月が経過してからの生徒のコメントを以下に紹介する。

〈チーム担任の方がよい〉

・クラス替えしたら、担任の先生が苦手だったとかがなくなるから
・いろいろな先生と関われてコミュニケーション能力が向上するから
・いろいろな先生とおしゃべりできて見守られている気分になるから
・毎週、新鮮な気持ちになれるから
・私は担任の好き嫌いが激しいから、小学校の時に嫌いな先生があたった時に様々なことをやらかしてきた。チーム担任制なら一週間で交替だから精神的に楽になる
・自分にとってハズレの先生だったら、一年間学校に行きたくなくなる
・先生が頻繁に替わることで、いろいろな先生との信頼関係を築くこと

ができ、たくさんの情報が入手できるから
・一週間ずつ替わっていくから飽きない
・三者面談で自分に合った先生を選べるから
・いろいろな先生が担任になると、学年の先生との仲が深まると思う
・固定で自分にとってハズレの先生だったら嫌だから。逆に、こんなことを言う生徒をハズレだと思う先生もいるでしょうし
・固定担任制にすると担任の先生以外とあまりしゃべれなくなってしまうから

〈固定担任の方がよい〉
・誰が担任かわからなくなるから
・一人が担任の方がクラスのことをちゃんとわかってくれそうだから
・授業の時は先生が替わるから、慣れている固定担任でよいと思う

〈どちらともいえない〉

・担任のことをあまり気にしていないから

・中学校では教科によって先生が違うので、別にどちらでもよい

・自分に合う先生だったら固定担任制がいいけれど、自分に合わない先生だったらチーム担任制の方がいい

・固定担任制だとその先生とは話しやすいだろうけど、ほかのクラスの先生とはあまり話せなくなりそう。また、チーム担任だといろいろな先生と話せるけど、その分誰を頼ればよいかわからなくなりそう

## 生徒討論を再び実施！「チーム担任制に賛成か。反対か」

私は今年度も三年生を担当し、「チーム担任制」を運用している。この学年生徒は、昨年度に行った「固定担任制がよいかチーム担任制がよいか」のアンケート調査が五分五分の結果だった。今年度も「チーム担

任制」を継続している中で、生徒たちの考えを聞きたいと思い、授業の中で討論を行った。事前準備として自分の立場や考えをまとめさせたり、客観的な資料を複数活用させたりしてから討論本番に臨んだ。討論の詳細について、以下に紹介する。なお、実施したのは七月中旬である。

〈討論テーマ〉

チーム担任制に賛成か。反対か

〈生徒の分布〉（学年合計）

賛成派……八割　反対派……二割

〈討論の様子〉生徒同士のやりとり

【○賛成派の生徒意見　●反対派の生徒意見】

○苦手な先生が担任になっても、一週間我慢すれば済む。

●逆にいえば、年間で何回かは苦手な先生が担任になってしまうということだよ。

○でも、苦手な先生が一年間ずっとだったら本当に嫌だ。

●一年間だから、あきらめて受け入れれば、きっとその先生のいいところを見つけられると思う。

○いや、大きなストレスでしかない。学校が楽しくなくなる。

●先生たちの担任業務への負担が軽減されたデータがあるけど、その分、実際に先生たちの授業力は上がったのですか？

○私は二年生になってから数学の授業がわかりやすくなったと感じている。先生たちが授業の準備をする時間がとれたのだと思う。

●「固定で担任がやりたい」という先生がいるかもしれない。その先生たちの気持ちはどうするのか。

○それをいうなら、「チーム担任でやりたい」という先生もいるからどっちもどっちだと思う。

# 第四章　「チーム担任制」二年目からの変容

●チーム担任制だと、体育祭とかの行事の時に、まとまりや一体感が生まれにくいと思う。

○まとまりとか一体感が生まれるっていうけど、それは担任がクラスを自分の色に染め上げたいだけだ。

●最近のアンケート結果では、チーム担任制をよいと思っている人が多数派なのはわかる。でもそれは、うちの学校のやり方に肯定的な人が多い中でアンケートをとったからだと思う。否定的な意見もあるし、多くの人が賛成しているからよいというわけではないと思う。

○今では多数の人が賛成しているけど、導入したころは反対派の人の方が多かったと聞いている。何年か続けてきて、「チーム担任制」のよさが多くの人に伝わったから、今では多数派になっているのだと思うよ。

●学年全体を見る方が、先生たちにとっては大変ではないのか。

○一人で三十人を見るよりも、五人で百人を見る方がいいと思う。先生たちの協力体制がとりやすくなる。
○私は、先生たち五人が味方してくれていると感じるからありがたい。
●私は、よい担任の先生にあたったらうれしい。
○最初は「よい」と思っていても、後から嫌な面が見えてきてうまくいかなくなったらどうするのか。
○「先生ガチャ」もあれば、「生徒ガチャ」もある。大変なクラスにあたったら先生がかわいそう。
○確かに。もし、先生が生徒のことを嫌いになったり、合わなくなったりしてしまったら、先生の逃げ場がない。
●生徒のことを嫌いになるなんて、そんな人は向いていないから先生にならない方がいい。

生徒たちが本音で討論し合う様子に、私は心を打たれた。

また、事前準備で提示した複数の資料を活用しながら、自分の考えをまとめたり、他人の意見を集めたりしている姿もあった。

導入初年度には、慣れないシステムに対する不安や戸惑いが大きかったと思うが、このシステムに慣れたことで、「チーム担任制」に対してポジティブにとらえる生徒たちが確実に増えていた。

その裏には、教員集団が生徒たちと真剣に向き合ってきた事実の積み重ねがあることを私は知っていた。

それを忘れたくないと思った。

〈討論を終えて〉生徒のふり返り

・私は討論に参加するのは苦手だけど、聞いたり見たりするのは楽しいと思った。たくさんの人の多様な意見を聞くことができるし、なるほどなぁ、と思わせてくれる発言を聞けてすごいと思った
・新聞の資料などもふまえて主張しているのは、説得力があってわかりやすいと思った。相手への反論なども、問いかけるような話し方をし

ている人もいて、表現のあり方についても考えることができた

・担任制については正直、どっちでもいいと思っていたし、討論が終わった今でもそう思っている。現状を変える努力をするか、現状を受け入れて我慢するか。私は行動しようとは思わないタイプだと思った

## 運用の最大のリスクは何か

「チーム担任制」の運用に際して、最大のリスクは何かと聞かれれば、「教員の当事者意識」だと私は答える。

生徒や保護者と責任をもって向き合う姿勢を失ってしまえば、単なる「無責任担任制」になってしまうからだ。

ただしこのことは、固定担任制でも同じことが言える。どちらの担任制も手段であり、大切なのは私たち教員の目的意識や使命感だからだ。

また、生徒に当事者意識をもたせることも大切だと感じた。主体的に

自分のクラスをつくっていけるように、リーダー生徒の育成も必要だ。

私が学年のリーダー生徒たちに求めたことは、「人は動いてくれなくて当たり前」という前提で動くことである。

どんな伝え方をすれば思いが届くのか、クラスメイトをよく観察していこう、と伝えた。

## リーダー生徒育成の例 クラスの座席を考えよう

四月からクラスの座席は教員が相談して決めていたが、六月のリーダー生徒の会で「クラスの座席を考えてみよう」と課題を与えた。

誰をどこに配置するかを書くだけでなく、どんな考えでその座席配置にしたのかなども書かせた。

リーダー生徒の座席案を参考にして、教員で微調整することにした。

〈リーダー生徒の思いや感想〉

・授業中に周りの子に教えている印象がある人を分散させました

・別室登校の子がいるので、教室との行き来がしやすいように廊下側に配置し、仲良しの子をその隣にしました

・自分の席をどこにするかに悩みました

席替えも、集団の力を向上させるための有効な手立てになった。

リーダー生徒からは、ほかにも、

「時間を意識して行動できるクラスにしたい」

「名札をつけたり、荷物を整頓したりできるように声をかけたい」

などの意見が数多く出てくるようになってきた。

今後も生徒の当事者意識が高まるような支援を工夫していきたい。

## 「チーム担任制」そのほかのメリット

教員にとってもチーム担任制のメリットは多い。例えば、

・学級編成がやりやすくなる。例えば「男性教員がよい」などの配慮をする必要がなくなるし、指導に困難を要する生徒や対応が大変な保護者がいても、みんなで向き合うことができるので、精神的な負担が軽くなる
・年度途中の転入生徒がいても、編成しやすい
・教員の「やりがい」がより多くなる

などが挙げられる。

ただ、導入当初に、「自分のクラスだけを頑張りたい」と思っていた

教員は、このシステムとの向き合い方に戸惑う時期がある。

しかし、慣れていくと「明るく元気に」生徒と向き合える実感が湧いたり、固定担任制のときと変わらず、生徒とのエピソードや深い絆が生まれていったりすることに気づけると思う。

実際、卒業式の証書授与の際、「一人で担任していたときよりも、ずっと多くの生徒との思い出があることに気づき、うれしく思った」という教員の感想も聞かれた。

## これから「チーム担任制」を導入しようと考えている人たちへ

最後に、チーム担任制を導入したいと考えている教員に向けて、私からのメッセージを送りたいと思います。参考になればうれしいです。

まずは学校が目指す方向性が定まっていることが、運用の前提になると考えてください。

育てたい生徒像を教職員で共通理解し、すべての教育活動のベクトルを揃えていくことが土台になるからです。

「チーム担任制」は、不幸な生徒をつくらないためにとても有効な手段ですが、固定担任制でも、その目的が達成できるのであれば、どちらでも構わないと考えます。

教員集団の個性や力量に応じて、柔軟に対応・運用してほしいと思っています。

ただ、念頭においてほしいのは、やはり「生徒が一人でも不幸になっていないか」という考え方です。

固定担任制の方が「とても幸せ」だと感じる生徒の方が比較的育てやすいとは思います。

しかし、「チーム担任制」を運用して彼らの幸せ感が多少減ったとしても、それが不幸だと感じるところまでは決して至りません。

ベテランや中堅教員の中には、「今までのやり方で特に問題なくやれているのだから、担任制をわざわざ変える必要はない」と主張する方がいるかもしれません。

でも、固定された担任のもとで苦しんでいる生徒や保護者は、本当にいないのでしょうか。また、苦しんでいる教員はいないのでしょうか。

そして、その学年団は、力のある教員が異動したとしても持続可能な集団ですか？　そうした様々な視点から観察、分析を行って、固定担任制とチーム担任制のどちらが「一人の生徒も不幸にしていないか」を考え、決めてほしいと思います。

番外編

# 生徒ファーストの学校づくりを目指して

～生徒指導主事としての実践紹介～

令和六年度、生徒指導部で掲げたテーマは「みんなの学校をつくろう」であった。

私は生徒指導主事として「生徒ファースト」の学校づくりの中心を担うことになった。

そこでは、大人の管理しやすさを重視するのではなく、子どもたちの主体性を伸ばすことや、やわらかい学校づくりを重視した。

令和四年十二月に改訂された『生徒指導提要』をふまえ、また、令和五年度に名古屋市が新たに策定した「ナゴヤ学びのコンパス」の考え方も取り入れた。

従来型（管理型）の校則は、「子どもは無能な怠け者である」という、非常にネガティブな発想から定められているものが多い。

それを改め、「子どもは有能な学び手である」という前提に立って指導・支援に向き合えるように変えた。

その中でも、私たちが大きく見直したのは次の二つである。

## ①校内の生徒指導基準の整理

過去から積み重ねられた問題行動に対応する手立ては、膨大な量が存在していた。

しかし、新しい生徒指導基準をつくるにあたっては、それを一度ゼロベースにしてから再構築することにした。

具体的には、「スマホを持ってきた場合、学校で預かって保護者に返す」といったケーススタディ方式ではなく、「指導の強度」で分類することにしたのだ。

「触法行為」や「人権侵害」「授業妨害」などは、指導の強度を高く設定し、それらに該当する問題行動が発生した場合には、職員で足並みを揃えて毅然とした指導を行う。

その一方で、強度がそれほど高くない問題行動については「生徒に変容を促すのが望ましい」という表現で統一した。

職員がそれぞれの個性や生徒との信頼関係に応じて対応するというや

り方である。

これは、とても高次元な指導方法ではある。しかし、このやり方によって救える生徒が数多く存在することは確かである。

なぜなら、他人との比較によって指導されるケースが激減するからである。

一人の生徒も取り残さないという信念のもと、指導よりも支援を大切にして生徒と向き合いたいと考えて実践してきたのだが、これは「チーム担任制」の発想とも似ている。

とにもかくにも、生徒の主体性を伸ばすためには、校則の見直しは欠かせないと考えた。

「みんなの学校をつくろう」というテーマを掲げたことによって、生徒も教員も穏やかな表情で過ごせるように変化していった。やわらかい学校づくりがさらに進んでいくのを感じた。

### ②服装・身だしなみの自己決定

服装と身だしなみについては、生徒や保護者に「目安」を示し、TPOを考えて自己選択、自己決定してもらう形に変更した。ただし、「学校生活や授業に支障をきたさないこと」が前提であることも明記した。

スタートしてひと月ほど経ってから、生徒にインタビュー調査を行い、その結果を公表した。

**服装・身だしなみについて　～五月、生徒インタビュー結果～**

- TPOに合わせて個人で判断できればいいと思う
- 朝は時間がないので助かる
- 体育の授業がある時や登下校はジャージの方が楽でよい
- 服装を自分で選べるのがよい
- 制服を買わなくてもよい

・過ごしやすいし、自分らしさを出せるのがよい
・自分の頭で考えることが必要。将来のためになる
・髪の毛をおろしてもいいから楽になった
・こうした取り組みを機に、様々なことを自分たちでできるようになりたい

否定的な回答をした生徒は一人もおらず、皆、学校生活に過ごしやすさを感じるようになっていた。

一時間目が体育の授業のときには、朝から体操服で登校する生徒が出てきたり、普段は私服で過ごす頻度が高い生徒が、全校集会がある日は制服で登校したりする場面もあった。

生徒の主体性を伸ばし、ＴＰＯを考えて行動する力を育むうえでも、服装や身だしなみの自己決定は有効だと言える。

教員集団も、生徒たちの「見た目」に対して眉間にしわを寄せて向き

合う必要がなくなったので、穏やかな表情で出迎えることができるようになった。

五月のある日、担当する三年生の生徒と、次のような会話のやりとりがあった。

生徒「最近、○○が学校に来る日が増えましたよね」

私「服装と身だしなみのルールを『やさしく』したからだね。うちの子が周りに流されないか心配、という保護者からの声はあるけれど」

生徒「それ、私も親から言われたことがあります」

私「だからといってルールを厳しくしたら、○○は昨年までのように学校に来られなくなる」

生徒「そうか、差別につながってしまうんだ」

私　「少数派の気持ちにも寄り添えるといいよね」

○○とは、髪の毛を金髪に染めていた生徒である。

校則をやわらかくしてからは、表情も明るくなり、ほぼ毎日登校できるようになった。学習への意欲も高まり、遅刻も減り、昨年度までとは別人のようになった。

いや、本当は昔からこの姿を見られたのかもしれない。髪の毛の色やピアスなどを注意した結果、学校から遠のかせてしまったのだとしたら、その責任は私たちにもある。

私たちが変わったことで、生徒が変わり、今ではその保護者も学校の指導に信頼を寄せてくれるようになった。

七月の全校集会で、私は生徒たちに「タブレットの使用」について話をした。

扱い方が雑になったり、学びと関係のない使い方をしたりする生徒が一定数見られたからである。

タブレットは「学びを豊かにするためのもの」という目的を再認識させ、誰かに悲しい思いをさせるためのものではないことを強調した。

最後に、学校生活の様々な場面で、自由と責任のバランスが大切であることを語った。

「自由や権利ばかり主張する文句言い」になる人が増えると、学校はダメになっていく。結果的に、大人の都合（管理）が優先されるようになってしまう。

生徒たちには、自治的集団になってほしいという思いを切に伝えた。

夏休み前には、地域や警察署の方々に対して、本校の生徒指導のあり方や変更点を発信する機会があった。

私のプレゼンを聞いた地域の代表者や警察署の少年係から、「感動しました」との賛辞をいただくことができた。

十月に開催した文化祭では、「校内にスマホを持ち込んで使用したい」という声が生徒たちからあがり、目的やルールなどを全校生徒で対話したあと、持ち込みが認められる運びになった。

実行委員としてプレゼンした生徒たちから聞かれた声が印象に残っている。

「一つのことを決めるのが、こんなに大変だとは思わなかった」

実行委員の生徒の中には、自由をはき違えて過去に勝手な言動をとってしまった経験をもつ者もいた。

そうした生徒たちがルールメイキングを通して当事者意識をもつようになり、自治について学ぶ機会がもてたことが何よりもうれしい。

文化祭当日も、スマホに関わるトラブルなどは起こらず、生徒たちは思い出を深めることができ、文化祭の価値をより高めてくれる結果になった。


従来型の学校であれば、「学校にスマホを持ってくるなんてダメに決まっている」という発想が色濃かったであろう。

そうした「大人たちの当たり前」をクリティカルに考える時期にきていることは明らかだ。

チーム担任制の運用についても同じである。変わるべきは私たち大人の方なのだ。

私は、こうした「生徒ファースト」の取り組みを、全国各地に広げていきたいと考えている。生徒たちが見せてくれる数々の成長や変容のドラマは、私たちの働くモチベーションを高めてくれる。

大人たちが幸せになることで、子どもたちも幸せになっていく。

私はこれからも、様々なことにファーストペンギンとして挑戦していく所存である。

# 付　録

## チーム担任制について、
## よくある質問に答えます！

## Q 01

### 保護者が欠席連絡を誰にすればよいか困るのではないか？

**A** 複数の教員が担任であるため、「○年生の先生をお願いします」という受け方ができるので何も問題はない。また、これは朝早くから出勤していない先生や、早い時間帯で退勤する先生も助かるシステムでもある。とはいえ、欠席連絡をメールやアプリで行う状況が広がっている現状、保護者からの電話連絡はますます減っていくだろう。

## Q 02

### 生徒や保護者から受け取った情報を学年の教員できちんと共有できるのか心配

**A** 情報共有はチーム担任制において「肝」の部分である。そのため、生徒の様子を日ごろから伝え合うのはもちろん、指導の困りごとなどを共有し合える雰囲気づくりが大切。情報の共有にとどまらず、協働性が高まることは、職場の風通しをよくし、教員の働きがいが高まる。その結果、たくさんの生徒たちを救うことにつながる。

逆の見方をすると、固定担任制の方が情報を一人で抱え込むことが多くなりがちなので、問題が大きくなるリスクは高いと考える。

## Q 03 チーム担任制は働き方改革にとっても有効な手立てか？

**A** 校則改革などの「やわらかい学校づくり」や、生徒たちの居場所づくりなど、ほかにも様々な取り組みをしているからこそ、有効な手立てとなり得る。チーム担任制だけですべてが解決することはない。

## Q 04 責任の所在がはっきりしなくなる怖れはないか？

A 「全員が担任」という意識で仕事に臨んでいれば問題ない。「全員が副担任」という意識の職員集団になってしまうと、ただの無責任な運用システムになってしまう怖れはある。このことは、固定担任制でも同じことが言えると思うので、結局は教員の使命感やモチベーションに左右されると思う。

## Q 05 六クラス以上の学校でも運用可能か？

A 可能である。分割して運用することがオススメである。例えば、三クラスずつにクラスと教員を分け、その中でローテーションを組むなどのやり方がある。

## Q06 学年主任など、立場によって忙しくなる教員が出るのではないか？

A 導入当初はどうしても忙しくなってしまう。ただそれは、教員がやり方に慣れていないことが理由なので、慣れてくれば、それぞれの立場を踏まえて業務内容を分散することができるようになる。

## Q07 チーム担任制の一番のメリットは何か？

A 短期的に考えると、子どもたちにとって「担任の当たりはずれ」がなくなり、担任の先生と合わないことが原因で不登校になる生徒がいなくなることが最大のメリット。中・長期的に考えると、「自分たちの学校は自分たちで作ろう」という感覚が育つので、社会参画へのモチベーションアップにつながることが挙げられる。

## Q 08 逆に、チーム担任制の一番のデメリットは何か？

A デメリットとしては特に思いつかないが、教員をはじめ、生徒も保護者も未経験の場合がほとんどであるため、不安に思う人たちがいることが、特に導入時に留意すべき点だと思う。また、「担任として自分の学級だけでドラマを作りたい」という教員の思いを重視するのであれば、チーム担任制の中でそれを実現するのはむずかしいだろう。

## Q09 チーム担任制を全学年で導入する場合の留意点はあるか？

A 入学したばかりの一年生は、先生の顔も名前も全然わからないので、中学校生活にある程度慣れるまでは固定担任制にする方法もある。または、学級の連絡窓口の教員だけを決めておく方法もある。

## Q10 道徳の授業はどのように実施しているのか？

A ローテーション道徳として学年職員で回している。授業準備した内容を、全クラスで実施することができるので、働き方改革としても有効である。

## Q 11

## 学活や総合的な学習の時間はどのように実施しているのか？

A その週の担任で担当している。継続的な活動を実施する場合は進捗状況を学年団で共有している。

## Q 12

## クラス対抗の行事（合唱コンクールなど）の際、担任はどのような関わり方をするのか？

A そもそもクラス対抗の行事について見直すことが必要だと考える。行事の主役は子どもたちなので、担任は子どもたちの主体性や自治力を伸ばすための支援をする立場である。担任の個性は、その範囲でも十分に発揮することができる。

## Q13 教育相談や三者懇談会のもち方はどのようにしているのか？

A 生徒（保護者）による指名制にしている。学年団の中から三名を選ぶか、「誰でもよい」を選んでもらう。その後、学年団で担当する生徒を振り分けている。

## Q14 生徒からの指名が偏ることはないか？

A 指名が偏ることはあり得る。生徒や保護者には「特に希望がなければ『誰でもよい』を選んでください」と事前に伝えている。

## Q 15 指導要録の作成などはどのように分担しているのか?

**A** 二学期に面談を担当した生徒の分を入力するようにしている。学年職員で入力項目ごとに分担する方法もある。

## Q 16 チーム担任制は常に一週間交替で回しているのか?

**A** 平日の日数が極端に少ない週(たとえば二日間)があれば、二週間担当することもある。

## Q 17

## チーム担任制を継続していくために大切なことは何か？

A チーム担任制以外にも「子どもファースト」の取り組みを進めていくことだと考える。不幸な生徒をつくらないために、私たちに何ができるかを今後も考えていきたい。

# おわりに

中学三年生だった時の私は、当時放映されていたテレビドラマ「三年B組 金八先生」を毎週欠かさずに観ていた。

私が教師になりたいと思うきっかけを与えてくれたドラマであり、今でもとても感謝している。しかし、近年、教育を取り巻く環境は激変している。これとどう向き合うべきか。

私たちが初めて「チーム担任制」を導入した生徒たちの卒業式は、生徒ファーストで構成され、とてもクリエイティブなものになった。

身だしなみは自己選択・自己決定。卒業証書を授与する際の名前の呼び方や最後の学活の時間などを含めて、私たちが創造してきた三年間を、私たちらしく締めくくることができた。

最後まで、生徒たち主体の学校であり続けることができた。

晴れやかな門出のあと、ある生徒からこのような声を聞いた。

「先生、来年の一年生にもチーム担任制を続けてください。六年生の弟が担任の先生と合わなくて、今、学校に行けていないんです」

「担任によって生徒が不幸になる」という固定担任制のリスクをチーム担任制が払拭できるということが、この生徒の言葉からもわかる。

どの担任制も結局は「マンパワー」に頼る部分が存在する。しかし、もし固定担任が力のない教員だった場合、それは大きな負の連鎖につながってしまう。

生徒も教員も不幸になっていく。学校が楽しい場所ではなくなっていく。教員になりたいと考える若者もいなくなっていく。

私たちの実践してきたことが教育現場に広まり、多くの子どもたちが救われることを切に願う。

いつか、保護者や教員にもチーム担任制のよさが広まり、選択肢の一つとなってくれれば幸いである。

未来の教育を考えるとき、新しいシステムが必要になる。

「金八先生」を美徳とするマインドを、私たち教員の方から変えていかなくてはならない。私は今日も、使命感をもって教育の仕事に邁進する。

二〇二五年三月　名古屋市立中学校教諭　土屋　裕樹

【著者紹介】

## 土屋 裕樹（つちや ひろき）

1982年、愛知県名古屋市生まれ。中京大学文学部卒業後、名古屋市立中学校教諭として20年以上勤務。校内では学習指導部長や生徒指導主事、学年主任などを歴任。生徒ファーストの学校づくり（居場所づくり）、互いに学び合う授業づくり、チーム担任制の運用と普及に努めるとともに、教員の働き方改革にも積極的に取り組んでいる。勤務校で現在も進行中のチーム担任制へのチャレンジが注目を集め、地元新聞やテレビなど様々なメディアで取り上げられている。その影響で、近隣はもとより全国各地からチーム担任制に関心のある学校が連日見学に訪れている。

地域貢献活動として、小中学生に大好きなバスケットボールを指導。子どもたちがスポーツに親しむ場づくりにも尽力している。

生徒と教師の「真」のハッピーを目指して
ただいま「チーム担任制」チャレンジ中！

2025年４月10日　初版第１刷発行

著　者　土屋 裕樹
発行者　鈴木 宣昭
発行所　学事出版株式会社
〒101-0051　東京都千代田区神田神保町１-２-５
電　話　03-3518-9655（代）
https://www.gakuji.co.jp

編集担当　保科 慎太郎
カバー・本文デザイン　研友社印刷株式会社デザインルーム
印刷・製本　研友社印刷株式会社


ISBN978-4-7619-3055-4　C3037